# 臨床現場で役立つ
# 質的研究法

臨床心理学の卒論・修論から投稿論文まで

福島哲夫 編

新曜社

# まえがき
―― 今いる場所を少しでも良い場所に

　従来、臨床心理学における研究と臨床行為そのものの間にはある種の乖離があった。つまり、成果の共有や応用はあったものの、方法論や発想という点で大きく隔たっていた。たとえば、特定の心理的な問題の背景や要因を探る場合に、ある程度の数のサンプルを統計的に比較する方法がある。あるいはアナログ研究として一般群の中から特定の心理的傾向の比較的高いサンプルに関して分析する等の場合もある。このような場合、統計的手法に基づいてきちんと分析された結果が、必ずしも個々の事例を十分に説明したり予測したりするものではない。それは医学における「一般例と例外的な事例」というような関係ではなく、心理臨床という細密な要素を扱う実践であるからこそ、生じるような乖離である。それゆえに、このような一般化を目指す研究とその発想が、「個々の事例をできるだけ詳しく見つめて支援しようとする」臨床的な発想となかなか結びつきにくいのである。このような乖離とそこからもたらされる葛藤は、卒論や修論執筆から始まり、臨床現場においても日々体験されることである。
　そして、この乖離のために、研究成果や方法論がそのままでは目の前のクライエント理解や介入に役立たないことも多かった。また、一般的に「研究を頑張っても、臨床の力は伸びない」と言われたり、俗にいう「研究はできるのに臨床は下手な心理士」やその逆の「臨床は上手いのに、研究はできない心理士」が多く輩出され続けたりしているのも、この乖離から来る弊害であるともいえよう。
　このようなことは、日本に限ったことではない。心理療法とその研究に関する国際学会でも、このことが公然と語られたり、陰口として言われたりすることもある。しかし、日本においてはこの「研究と実践の乖離」の問題はさらに深刻で、伝統的に実践を重んじる臨床家たちは「心理臨床学」という名前のもとに、実践を重視する学を推奨し、学会や学術雑誌の名称にもこれを使っている。いわば研究を重視する「臨床心理学」と実践を重視する「心理臨床学」に区別されているとすらいえる様相が続いている。
　こうした「臨床心理学」と「心理臨床学」との間にある乖離を橋渡しする

にあたって、期待されているのが、質的研究法の活用である。幸いなことに近年は一般心理学や社会学の中で質的研究法の解説本や論文が多く出版されるようになり、次第になじみ深いものとなってきている。しかし、これらの多くは、「結果の有用性」という質的研究における最大の存在意義に関して曖昧なものが多く、「何のための、誰のための研究か？」という点に疑問を抱かざるを得ないものもしばしば見受けられる。

　このような状況を少しでも変えようと、本書が企画された。心理臨床の実践に携わる人が臨床現場で研究に携わることができ、その研究成果を臨床現場に還元して活用できる内容を目指した。そのためにポピュラーなものから最新のものまで、臨床心理学の学術論文や卒論・修論にも使える質的研究法を紹介し、さらにそれらを臨床現場でどのように使うと心理臨床そのものに活かせるのかということについて、実例を示しながら解説を加えている。

　では、本書の書名にもある「臨床現場で役立つ」とは、具体的に何を意味しているのだろうか。まず「臨床現場」とは、「今、私たちがいる場所」を指すことばであると考える。それは心理臨床家であれば、まさに「実践の現場」のことを指すだろうし、もし学生であれば、ともにトレーニングを受けている「学びの場」の場合もあるだろう。つまりことさらに研究のために出かけていく場所ではなく、少なくともすでにある程度なじんだ場所という意味である。その意味では、本書では単に研究者の知的な関心に根ざした視点からのインタビュー調査やフィールドワーク、観察調査などは対象としていない。

　さらに、このように「臨床現場」ということばの意味する範囲を限定することで、本書で意味するところの「役立つ」ということも明確になってくるだろう。それは簡単な言い方をすれば「今、私たちがいる場所」を「少しでも望ましい方向に変化させる」ということである。ここで「望ましい方向」がどのようなものであるかはとても難しい問題であり、一概には言えない。言い方を変えれば、「望ましい方向とは何か」を含めて、「今、私たちがいる場所」で検討しながら手探りで進めていくことが、本書で扱う「臨床現場で役立つ」研究ということである。

　各章のテーマとねらいについて、ここで簡潔に紹介しておきたい。

[第1章]「臨床現場で役立つ質的研究法とは —— 質的研究法と量的研究法の長所短所から臨床と研究の相互高め合いまで」（執筆者：福島哲夫）と題

した全体的な解説である。本書を貫く基本的な姿勢を述べ、学部生・大学院生から広く現場の実践家や現場を持つ研究者までを対象に、「臨床現場にいながら、臨床現場に役立ち、臨床力も伸びて行くような研究」としての質的研究法の可能性を示した。

[第2章]「KJ法の臨床応用 —— 実践的な指針の探索」(執筆者：古田雅明)と題して、KJ法を解説した。従来の「新たな発想法」や「問題」の発見を目的としたKJ法から、さらに「臨床に役立つ研究」として一歩踏み込んだ活用の仕方を提案している。本来、KJ法はある意味徹底した「ボトムアップ」的な研究法であるが、ここでは特定の臨床的観点からのリサーチクエスチョンの設定と、それに基づいた枠組みを使ってKJ法を実施することにより、臨床的有用性の高いものとなっている。

[第3章]「修正版グラウンデッド・セオリー・アプローチ —— ミクロな実践プロセスの分析・記述」(執筆者：福島哲夫)と題してグラウンデッド・セオリー・アプローチ (GTAとM-GTA) について解説した。GTAとM-GTAの両方を比較検討しながらも、従来よく使われるインタビュー調査の分析という形だけではなく、単一事例の逐語録(トランスクリプト)からその事例のプロセスを効果的に分析・記述する方法としての可能性を提案している。

[第4章]「プロセス研究法と質的研究法 —— 課題分析を中心に」(執筆者：岩壁茂)と題した章である。日本ではまだあまり知られていない「プロセス研究」について課題分析を例に挙げて、その実際を解説した。この課題分析とは特定の心理的問題への、心理面接セッション内での一連の介入と変容のプロセスを明らかにする際に有効な方法である。ここでは「恥への介入モデルと恥の変容プロセス」の研究例が示されている。その際、データとしては、純金サンプリング (pure gold sampling) と呼ばれる、典型例や成功例を採用する。今後日本においても大いに発展が期待される方法である。

[第5章]「合議のプロセスを用いた質的研究 —— 質的研究と心理臨床における専門家間の対話を活かした方法」(執筆者：藤岡勲)と題した章である。これはHillらによって構築された、複数の研究者が対話をしながら行

う質的研究である。従来、質的研究は一人の研究者が（時にはスーパーヴァイザーの下で）行うものが多かったが、これを専門家間での対話を活かした形で、バランス良く進める方法であり、今後、日本でも大いに広まっていくべき方法である。

[第6章]「PCソフトを活用した質的臨床研究①──KH coderを利用した計量テキスト分析の実践」（執筆者：八城薫）と題して解説した。これは、近年普及し始めている無料PCソフトの一つであるKHコーダーを使った分析の方法である。心理療法面接のトランスクリプト（逐語録）を使って、特定のセッションの性格を客観的に浮き上がらせる試みである。面接セッション内で用いられた言葉を、主にその言葉と言葉の関連性の観点から、客観的に分析する有効な方法である。もちろん、このソフトは自由記述や日記・手記等の分析にも活用できるので、ぜひ参考にされたい。

[第7章]「PCソフトを活用した質的臨床研究②──PAC分析による治療関係概念生成」（執筆者：杉山崇）と題して解説した章である。これは第6章のKHコーダーに比較して、すでにかなり普及した方法である。このPAC分析は、研究者の認知バイアスを排して質的データから「構造を読み解く」難しさを解消する優れた方法である。特にこの章では「臨床家が治療関係について抱いている実感」に関して、どのように研究を進めたかという実例に基づいて解説している。研究方法の採択から、サンプリング、ソフト提供者と研究対象者への依頼の方法等も含めて、研究の具体的手順のお手本ともなっているので、ぜひ、参考にしてほしい。

[第8章]「実際の研究例──課題分析と合議制質的研究法との融合」（執筆者：足立英彦）と題して、主に博士後期課程に在籍中の若手研究者たちによって行われた研究の実例を、研究会の立ち上げから、リサーチクエスチョンの設定、事例データの収集から学会発表・論文化に至るまで詳しく取り上げ、ライブ感のある実演形式で解説した。

　以上のとおり、「実践に役に立つ」「その場で使える」「自分がいる現場で研究できる」質的研究法を読者にわかりやすく紹介することが本書のねらいとするところである。さらに、それら三つに加えて、「やっていると自然に

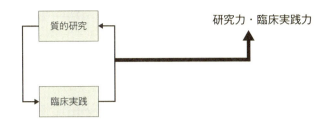

図0-1　質的研究と臨床実践の高め合い・相乗効果

臨床の腕が上がるような質的研究」という視点も本書のねらいに含めたい。実は本当に臨床に即した質的研究をすると、研究をしているだけで臨床の腕が上がる。そして臨床をするとそのようなタイプの質的研究の腕も上がるのである。このように両者が高め合う関係にあるというのが理想であるし、それは可能だと考えている（図0-1）。本書で紹介する質的研究法の実践を通じて、臨床実践力も培われ、また逆に臨床経験を積むことで研究力も伸びるという豊かな相互関係が期待できるだろう。

　心理臨床とその研究にとって「約束された場所」はない。つまり決まった道筋も終着点もない。先人の実践や理論、研究成果だけを頼りにしてもどこにも到達できない。豊富な経験に裏打ちされた的確な判断はあっても、単なる「権威」は力を持たない。もちろん、これはどのような研究分野や実践領域でも同じことであるが、心理臨床はとりわけ曖昧なために、「成果が約束された方法」や「権威」の力に、すがりたくなるという現実がある。そんな中で、細かな手触りにも似た「実感」を確かめながら進めて行く臨床的質的研究こそ、今いる場所を少しでも良くしていけるはずである。そうしながら、ゆくゆくは学派や政治的な立場を超えて日本の臨床心理学（心理臨床学も含めて）とその実践活動全体を、より良くしていけるはずである。

　本書を手に取られた方はその立場や目指す方向性、現場の種類を超えて、ぜひ「実感」に根ざした思考法を身につけるためにこの本を活用していただけたなら、幸いである。

福島哲夫

臨床現場で役立つ質的研究法 ── 目次

まえがき　i

# 第1章　臨床現場で役立つ質的研究法とは
── 質的研究法と量的研究法の長所短所から臨床と研究の相互高め合いまで

1　はじめに ⋯⋯ 1
　1-1　臨床現場とは何か　1
　1-2　質的研究の特徴　2
　1-3　若手、中堅の臨床家にとっての臨床研究　3
　1-4　研究が現場で役立つとは？　4

2　質的研究の魅力とは ⋯⋯ 5
　2-1　リアルさと即時性　5
　2-2　発見的（heuristic）な研究となりやすいこと　6

3　臨床家と質的研究者の頭の中の衝突 ⋯⋯ 7

4　質的研究と研究対象との関係 ⋯⋯ 8

5　様々な研究法のメリット・デメリット ⋯⋯ 10
　5-1　実験法　10
　5-2　質問紙法　11
　5-3　観察法　11
　5-4　インタビュー法（面接法）　12
　5-5　事例研究法　13
　5-6　各研究法の特徴の比較　14

6　質的研究の質 ⋯⋯ 15

7　研究の難しさ ⋯⋯ 16
　7-1　基礎力 ── 日本語で考える力が求められる　16
　7-2　どの分析法にするか？── 目的に合った分析法を選ぶ　16

7-3　研究者の主体性の問題　17

8　質的研究の基礎となっている哲学 …… 18

## 第2章　KJ法の臨床応用
—— 実践的な指針の探索

1　はじめに …… 21

2　KJ法の背景 …… 22
2-1　KJ法の歴史　22
2-2　KJ法の根底にある考え方　22

3　KJ法の手順 …… 24
3-1　第1段階 —— ラベル作り（カード作り）　24
3-2　第2段階 —— グループ編成　24
3-3　第3段階 —— 図解化　26
3-4　第4段階 —— 文章化　27

4　KJ法を活用した臨床研究の実践例 …… 27
4-1　実践例 —— 心理療法場面におけるセラピストの効果的な自己開示　27
4-2　KJ法の課題と応用上の工夫　32

5　おわりに …… 32

●コラム　初めてのKJ法体験　33

## 第3章　修正版グラウンデッド・セオリー・アプローチ
—— ミクロな実践プロセスの分析・記述

1　はじめに …… 35

2　グラウンデッド・セオリー・アプローチとは …… 37

3　M-GTA を活用した臨床研究の実践例 …… 39
　　3-1　実践例 ── ある摂食障害をもつ女性のアサーションが変化するプロセス　39
　　3-2　リサーチクエスチョンを絞り込む（研究テーマの設定）　39
　　3-3　分析焦点者の設定とデータの読み込み　41
　　3-4　概念生成（またはコーディング）　41
　　3-5　分析ワークシートの作成　42
　　3-6　継続的比較（類似例と対極例）　42
　　3-7　絶え間ない比較と理論的飽和　43
　　3-8　カテゴリー生成と階層化あるいはプロセス化　44
　　3-9　ストーリーラインの作成　47

4　論文執筆の際の注意事項 …… 48

5　おわりに ── 当事者協働研究までを視野に入れて …… 48

　●コラム　卒論で臨床トランスクリプト分析を M-GTA で行った体験談　50

# 第 4 章　プロセス研究と質的研究法
　── 課題分析を中心に

1　はじめに …… 53

2　恥 …… 53
　　2-1　恥と心理的問題　53
　　2-2　恥への介入モデルと恥の変容プロセス　56

3　課題分析 …… 58
　　3-1　課題分析の起源　58
　　3-2　研究と実践の統合的方法としての課題分析　58
　　3-3　課題分析の発展　59

4　課題分析を活用した臨床研究の実践例 …… 60
　　4-1　課題の設定　60
　　4-2　初期（論理）モデルを作成する　62
　　4-3　サンプルの選び方　62

    4-4　課題モデルの構成要素の同定　63
    4-5　モデルの流れ　64

5　今後の課題と発展 …… 69


# 第5章　合議のプロセスを用いた質的研究
—— 質的研究と心理臨床における専門家間の対話を活かした方法

1　はじめに …… 71

2　合議制質的研究法と合議のプロセス …… 72

3　合議のプロセスを用いた質的研究の実践例 …… 75
    3-1　研究の全体像　75
    3-2　合議のプロセスの流れ　76

4　合議のプロセスを用いた質的研究の特徴 …… 78
    4-1　専門家間の対話　78
    4-2　合議のプロセスを用いた質的研究の長所　80
    4-3　合議のプロセスを用いた質的研究の活用に向けて　83


# 第6章　PCソフトを活用した質的臨床研究①
—— KH coderを利用した計量テキスト分析の実践

1　はじめに …… 85

2　KH coderについて …… 86
    2-1　KH coderによる計量テキスト分析でできること　86
    2-2　KH coderのダウンロードとインストールの方法　86

3　KH coderによる分析前の下準備 …… 87
    3-1　第1段階 —— 分析データを整理するための保存用データファイルの作成　88
    3-2　第2段階 —— 分析対象ファイルの準備　89

- 4　KH coder の使い方の手順 …… 92
  - 4-1　KH coder を起動する　92
  - 4-2　ファイルの読み込み　92
  - 4-3　データの前処理　93
  - 4-4　抽出語（分析に用いる語）の取捨選択　94
  - 4-5　「前処理」→「前処理の実行」で分析データの準備完了　96

- 5　分析の実行 …… 97
  - 5-1　カウンセリング中にセラピストが多く用いた語を分析してみる《分析1》　97
  - 5-2　それぞれのセッションに特徴的なセラピストの発語を分析する《分析2》　98
  - 5-3　セッションごとのセラピストの発言特徴の分析 ── 共起ネットワークを用いた分析《分析3》　100
  - 5-4　セッションごとのセラピストの発言特徴の分析 ── 対応分析を用いた分析《分析4》　103

- 6　おわりに …… 107

# 第7章　PC ソフトを活用した質的臨床研究②
── PAC 分析による治療関係概念生成

- 1　はじめに …… 109

- 2　態度を探る理由と方法 …… 110
  - 2-1　なぜ、態度を明らかにする必要があるのか？　110
  - 2-2　態度を資料として収集する方法　111
  - 2-3　心理尺度式の質問紙法が向かない場合　111
  - 2-4　面接法を選ぶべき場合　112

- 3　PAC 分析はこんなときに使える …… 113
  - 3-1　PAC 分析が有効な場合1 ── 態度のパターンが読めないとき　113
  - 3-2　PAC 分析が有効な場合2 ── 研究者が仮説（認知バイアス）を持っているとき　113

- 4　PAC 分析を選ぶ手続き …… 114
  - 4-1　なぜ PAC 分析を使わなければならないのか？　114

    4-2　研究テーマと方法のマッチング　115
    4-3　PAC 分析の採択　116
    4-4　PAC 分析か？　GTA か？　116

 5　PAC 分析の進め方 …… 117
    5-1　母集団と研究協力者サンプリングの検討　117
    5-2　研究協力者への依頼　118
    5-3　プログラムの入手　119
    5-4　ソフトの立ち上げと自由連想　122
    5-5　重要度の評定と一対比較法　123
    5-6　「非類似度行列（対称化）」とクラスター分析　124

 6　考察とまとめ …… 126


# 第 8 章　実際の研究例
―― 課題分析と合議制質的研究法との融合

 1　はじめに …… 127

 2　「セラピストの肯定」と「二項対立」…… 127
    2-1　前年に行われた研究について　128
    2-2　本研究の問題意識と目的　129
    2-3　本研究が実践にもたらす意義　130
    2-4　研究方法の選択 ── 課題分析と合議制質的研究法を参考に　131

 3　研究の開始 …… 133
    3-1　大まかな流れ　133
    3-2　テーマと分析方法の決定　133
    3-3　研究計画案とモデルの策定　134
    3-4　事例データの収集と分析方法の再検討　136

 4　モデルの完成に向けて …… 137
    4-1　事例の分析と修正版モデルの提案　137
    4-2　研究会メンバーとのモデルに関する合議　139
    4-3　モデルとプロセス図の完成　140

4-4 モデルの臨床事例との照合　143
　　4-5 モデルの精緻化　143

5　考察 …… 144
　　5-1 本研究から示唆されたこと　144
　　5-2 今後の課題　146

6　おわりに ── この研究をした経験に関する所感 …… 146
　　6-1 研究参加者自身の臨床家としての成長に対する貢献　146
　　6-2 共同研究の留意点 ── 生産性を高めるために　146

> ●コラム　臨床データ取得のコツ　147

あとがき　151
文　献　153
人名索引　163
事項索引　165

第1章
# 臨床現場で役立つ質的研究法とは
―― 質的研究法と量的研究法の長所短所から臨床と研究の相互高め合いまで

福島哲夫

## 1 はじめに

### 1-1 臨床現場とは何か

　本書では、「まえがき」でも述べたように、徹底して「臨床現場で役立つ」ということにこだわっていきたい。「臨床現場」とは、医療・教育・福祉の各分野から個人（共同）開業までを含む様々な現場の中で、読者それぞれが属して具体的活動を行う場所のことである。さらに言葉の意味を広く捉えるなら、私たちが生活者として学校や職場、プライベートな関係において過ごしている場所も「臨床現場」に含められ得る。また「役立つ」とは「臨床現場の中でデータ収集もデータ分析もでき、その結果がそのまま臨床活動をより良くしていくことに役立つ」ということである。

　これを別の言葉で言えば**領域限定的**で**実践的**、そして**円環論的**な営みということができる。その反面、**客観性**と**再現性**がやや低下することは否定できない。領域限定的とは、その言葉どおり「ある特定の現場のみで明らかになる、限定的な事実」ということである。そして、実践的とは「何らかの変化を生む」ということである。この視点に関して、やまだ（1997）の提唱した「現場心理学」は当時としては画期的なものであった。ここで、やまだは現場を「複雑多岐の要因が連関する全体的・統合的場」と定義している。そしてさらに、やまだはこの現場とは「実際に研究の行われる場所そのものをさすのではない」として、極端に言えば実験室の中にも現場は存在するし、逆に、家庭や幼稚園などの日常語で現場といわれる場所でも「単純な要因について分析する場」であれば（現場ではなくて）実験室であるとしている。

　やまだの言う「現場」は、この意味においては、いくつかの例外を除いて

は「今いる場所」ではなく「複雑な要因が連関する場所」となっていて、「実践性」や「役に立つ」という側面は、あまり問われなくなっている。もちろんそれはそれで十分に意味のあることであるが、本書のねらいとするところではない。いわばそれは、**日常性**と**当事者性**の有無の違いともいえる。この「日常性」と「当事者性」が高い研究ほど、より確実な実践や変革につなげることができると筆者は考えるからである。

ただし、ここでの日常生活は「何気ない日常」というよりは、やや切実で繰り返される「愛情のもつれ」や「依存と攻撃」「(わかっちゃいるけど止められない) 嗜癖行動」「こじれた対人関係」などを想定していきたい。そのようなやや深刻で「なんとかしたい」と思わざるを得ないような現場が、本書で想定する「臨床現場」なのである。

## 1-2 質的研究の特徴

本書の読者が学部生・大学院生であった場合、直接臨床現場に触れることが困難かもしれない。あるいは現在行っている実習やボランティア先で参与観察はできているものの、研究論文にまでできるようなデータは取れない場合も多い。けれどもそんな中で近い将来控えている卒論・修論について「一般学生を対象とした質問紙調査や実験による論文はあまり興味がわかない。でも、臨床例や障害を持った人に直接接する機会もない」という人も多いのではないだろうか。こういう思いを抱く人の多くが「リアリティのある研究をしたい」とか「結果が役に立つような研究でないと」と感じやすい人である場合が多い。そのような人たちは**研究の有用性**や**研究結果の転用可能性**を重視したいタイプの研究者（あるいはその卵）だということができる。この問題は「臨床研究とアナログ研究」という重要なテーマともつながる話題であり、後に詳しく触れていきたい。

そのような場合、臨床例ではなくとも身近な対象から「依存」「攻撃」「嗜癖行動」などの臨床心理学や臨床社会学ともいえるテーマ、あるいは「自己愛傾向」「自己開示」などの社会心理学とも共通するようなテーマで、きめ細かい「厚みのあるデータ」による**質的研究**をしていくことも考えられる。

上に「客観性」と「再現性」がやや低下すると書いた。たしかに質的研究においては研究の有用性を重視すると、これらの「客観性」や「再現性」が低下することはしばしば見られる。これは質的研究においては、個別性の高い対象や事例をその個別性を大切にしながら研究するので当然ともいえる。

まったく同じ事例や現場は存在しないという意味で、純粋に科学的な再現性は期待できないのである。ただし、その代わりに曖昧で予測が難しい現場での実践において指針となるという意味で「研究結果の転用可能性」は、高いといえる。優れた質的研究は、実践のための優れた指針ともなり得る。そういう意味で、質的研究においては「研究の有用性」と「研究結果の転用可能性」が最も重要視される。本書ではこのことに徹底してこだわり、第2章以降ではそのような具体的研究法のみを取り上げて紹介し、解説することになる。この研究の有用性と結果の転用可能性については、本章の6節でも詳述する。

## 1-3　若手、中堅の臨床家にとっての臨床研究

　若手、中堅の心理臨床家の中で「そろそろ研究もやりたいけれど、方法がわからない」とか「今働いている現場でいろいろなことに気づいているけれど、それをどうまとめていったらいいかわからない」という言葉をよく耳にする。また「今の現場以外の場所に行って研究する時間はとてもないけれど、現場で働きながら役に立つ研究はできないものでしょうか」という質問をよく受けるようになった。心理検査のデータ等を豊富に集められる現場であれば、そのデータを集積して分析し考察することで立派な研究になる可能性がある。そして、それは必ずや結果の転用可能性を持った研究になるはずである。しかし、反対に報告書は毎年書いているが、それを研究にまでは高められない「利用状況報告」「活動報告」「事例報告」の水準に留まったものも多い。これらの報告書の中に、もし1本でも研究論文的なものを含めることができたなら、それによってその現場の臨床レベルは上がっていき、さらに執筆者本人の将来のキャリアアップにもつながっていく。

　しかし、マクレオッド（Mcleod, 2003）も述べているように、「研究とは量的なもの」「統計を使ったものじゃなくちゃ論文とは言えないのでは」などと恐れている臨床家はまだまだ多い。そのせいもあって「私は現場主義で行きます」とか「僕はずっと現場第一でやってきたので」という若手や中堅が多いのも事実である。その一方で、そのような現場第一主義を名乗る人の中に、かなりの比率で「現場（の偏り）に染まってしまっている」あるいは「現場に流されている」人が多いのも、残念ながら事実と言える。

　「現場に流されている」というのはたとえば、「いつでも誰でも利用できるようにオープンな相談室（施設）を」という現場の方針に偏るあまり、「密

かに継続的に利用したい」というニーズには応じられなくなっていたりする場合がその典型であろう。また、「少しでもリスクのある来談者には、必ず医療を勧める」という「医療連携重視」の現場にいて、医療への抵抗が強い来談者の気持ちを尊重できなくなっていることにまったく疑問を感じないことなどである。学校や他職種との連携に関しても同様である。来談者の意思を無視してまで連携を重視しすぎるのも、反対に連携を軽視しすぎるのも、現場に流されてしまったがゆえそのようになっている場合が多い。これらの「オープンな相談室」や「連携重視」などの立場はバランス良く実践されればとても大切なものではあるが、教条主義的に一辺倒になったなら、そこから漏れてしまう対象者がたくさんいるという意味で「偏り」と言わざるを得なくなる。

　ただし、このように現場や同僚などの偏りに染まったり、流されているならまだいいほうで、本当のところは「現場第一主義という名の自分中心主義」に陥っている場合も多い。たとえば自分の信念や、ある特定の師匠や著名な臨床家の実践法のみを、かたくなに貫き通すようなスタイルである。そして、このような臨床だけが正しいと考えて、最近の研究成果や現場の多様性を無視して、その理論や信念どおりの臨床を実践するような態度である。そのような「自己中心主義的現場第一主義」に陥らないためにも、質的研究の力をつけて自分の仕事を客観視し、自分の現場を相対化する必要がある。

　それ以外にも若手・中堅の心理臨床家にとって研究とは、自分のキャリアアップのための手段となったり、自分の臨床スタイルを確認したり確立したりするために欠かせない営みである。そのような営みのためには、ぜひ、自分の活動や研究の中のごく一部でもいいから臨床に密着した質的研究を取り入れたほうが、「臨床家として日々向上しながら生きる」という目的にかなっていると筆者は考えている。

## 1-4　研究が現場で役立つとは？

　研究が現場で役立つ方法は、何種類かある。たとえば特定の治療法に関する効果研究の成果は、いわゆるエビデンスとして、現場での治療法選択のための強力な指針となり得る。あるいは、特定の病理やパーソナリティに関する研究は、治療法に直接つながらなくても、クライエント理解を促進するという形で現場に役立つ。さらにはこれまでの膨大な事例研究の積み重ねは、「臨床の知」（中村，1992）の伝達に役立つ。

しかし、治療法に関するエビデンスも、病理やパーソナリティの研究成果も「今、この瞬間にどのような介入をすべきか」については答えてくれない。事例研究による臨床の知も事例の個別性を考えると、安易に「真似できる」ようなものでないことは、現場にいればすぐにわかる。「今、この瞬間にどのような介入をすべきか」について、最も参考になるのは「ある程度の一般性とかなりの具体性を持った実践モデル」であることが圧倒的に多い。経験豊かな臨床家はこのような**実践モデル**を暗黙裡に多数備えており、それを事例に応じて使い分けているのである。

このような「実践モデル」を生成し、それをさらに実践の中で検証し精緻化していくという営みが、臨床現場における質的研究であり、その成果も営みもともに臨床そのものに大いに役立つものなのである。臨床現場にいれば一定期間における来談者たちの「主訴」や、年齢、性別などのクライエントの属性別による統計は簡単に取れる。そして、日ごろ熱心に携わる現場であれば、それらのクライエントが何回の相談によって、どのようになったかを統計的に示すことができる。しかし、それらはその現場を記述的に表現するデータや広報戦略の指針にはなっても、その現場で実際に働く臨床家の臨床的なモデルを提供するまでには至らない。一方で欧米の学術論文における大規模な効果測定のエビデンスをそのまま活用しようとしても、クライエント要因・セラピスト要因・文化環境的要因のいずれもが異なるために、そのまま適用できないのが現状である。だからこそ、「実践モデル生成型の質的研究」が役に立ち、かつ必要なのである。

## 2　質的研究の魅力とは

### 2-1　リアルさと即時性

質的研究の魅力は何といっても「**リアルであること**」と「**すぐ目の前の現実に役に立つこと**」だろう。それでいて一つの事例の経過のみを報告し考察する「単一事例研究」のような「それってたまたまうまくいったケースじゃない？」という疑問に対しても、ある程度対応できるような一般性を備えているところも魅力である。この「リアルでありながら一般性もある程度備えている」というところが、質的研究の最大の魅力である。この関係を図示すると図1-1のようになる。

図からもわかるように、質的研究は**事例研究・量的研究**と並べて比較してみると、いろいろな点で「中程度」である。これを「中途半端」と言ってもいいし「ちょうどいいバランス」と言ってもいいだろう。上記のような「リアルと抽象」が中程度であることに加えて、さらに、データとの「対話」のタイムスパンも中程度である。単一事例研究ならデータや対象とのやりとりも**即時的**である。それに対して量的研究はデータとの対話も対象とのやりとりも間に数字を挟むぶん「時間のかかる」ものとなる。質的研究はそれらの中間的な位置にあって、データとの対話も、数事例を（比較）検討することが多くなるので少し時間のかかるものとなるが、量的研究に比べればかなり直接的で即時性を持ったものとなる。

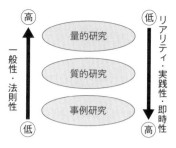

図1-1　質的研究の位置づけ

## 2-2　発見的（heuristic）な研究となりやすいこと

質的研究のもう一つの魅力は**発見的**なことである。これは英語文献等では"heuristic"な研究として語られる側面である。先行研究から緻密に導き出した仮説を検証することが多い量的研究に比べて、質的研究は「現象の新たな側面を浮き彫りにする」ような概念やモデルを生成する場合が多くなる。そこには、新たな現象に着目する喜びと興奮、あるいは新しい言葉を作り出す興奮が伴う。

わかりやすい例としては、学術用語ではないが少し前に流行った「草食系男子」という言葉がある。この言葉は、当時増えつつあった異性関係に消極的な男性を指した言葉であるが、未婚率や恋愛未経験率などの量的なデータから導き出されたというより、おそらく身近な「質的データ」から発想された言葉だろう。このような男性が現代日本における成年男子の「平均像」や「全体的な傾向」であるかどうかはともかく、この「草食系男子」という言葉によって、目の前の男性の行動を説明しやすくなったことは確かで、非婚率の上昇などの社会現象を捉える一視点となったことも事実だろう。

もちろんそこには「決めつけ」や「過度の一般化」、さらには「そのように見るとそう見えてくる」という質的研究全般に起こりやすい問題も抱えている。これらについては本章の後半で述べることとするが、図1-1にも示し

図1-2　臨床家の頭の中の衝突

図1-3　質的研究者の頭の中の衝突

たように、質的研究は事例研究と比べるとある程度の一般性や法則性を持ち得るので、このような問題に陥らずに、説得力のある概念やモデルを生成できる可能性が単一事例研究よりも高いといえる。

## 3　臨床家と質的研究者の頭の中の衝突

　臨床家の頭の中では絶えずいくつかの衝突が起こっている（図1-2）。同様に、質的研究者の頭の中でも、やはり絶えずいくつかの衝突が起きている（図1-3）。臨床家の場合は図1-2に示したように、「これまで体験したり、読んだり聞いたりしてきた事例」と「先生やスーパーヴァイザーに教わってきたこと」、そして「目の前のクライエント」との衝突である。残念なことにこれら三つが一致することはほぼないと言っていい。むしろこれらが一致することより、臨床家の頭の中で「互角な勝負」をし続けていることが望ましい。つまり上記の三つが対等に衝突し合っている状態が理想である。
　けれども臨床現場にいると、まれにフロイトやユングの著作に出てきたものとそっくりの症状や展開を呈するクライエントに出会うこともある。そう

すると、初心者臨床家は「これは本で読んだのとそっくりだ」と異様に興奮を覚えて、さらにその後の展開も著作どおりや理論どおりを期待してしまうことがある。これは明らかに「互角の衝突」ではなく「読んだり聞いたりしてきた事例」が突出して、一人勝ちしている状態である。このような場合は、ほぼ間違いなく「目の前のクライエント」がおろそかになっているのである。

質的研究者の頭の中に起こっているいくつかの衝突もこれによく似ている（図1-3）。それは**先行理論や先行研究**と**暫定的仮説**、そして**目の前の現象**との衝突である。やはりこの三つが互角に衝突し合い、勝負し合うことが大切である。けれども、ほとんどの場合、これら三つのどれかに重点が置かれてしまう場合が多い。

「先行理論・先行研究」に重点が置かれすぎた場合には、トップダウン型の「すでに知られていることの追認」もしくは「予定調和的な研究」になってしまう。また「暫定的仮説」に重きを置きすぎた場合には、「データの中から仮説に合う部分だけをつまみ食いした研究」になってしまうおそれもある。その一方で「目の前の現象」に引っ張られすぎた研究は、「オリジナルかもしれないけれど、個別性が高すぎてそれまでの理論や研究、仮説との関係がわからない研究」つまり「独りよがりの研究」になってしまう。

## 4 質的研究と研究対象との関係

質的研究のもう一つの特徴に、**研究対象や研究成果と読者との関係**がある。図1-4に示したように、質的研究者は先行研究を批判的に検討しながら、研究対象者との相互作用を繰り返し、お互いに影響を与えながら研究を進めていく場合が多い。しかもこの研究対象者は研究成果を論文や著書、もしくは研究結果のフィードバックとして読む読者でもあり得る。このように研究対象者が読者でもあり得るという点が、質的研究における大きな特徴でもあり、醍醐味でもある。そして、さらにこの循環的な実践・研究活動を通じて生み出された新たな実践理論が、実践者としての読者に影響を与え、その読者がさらなる実践を自分の責任と主体性で展開し、再び研究者へのフィードバックとして影響を与える。このように、研究全体が徹底して相互作用の中にあるのがその特徴である。そして、質的研究はこのように複雑な

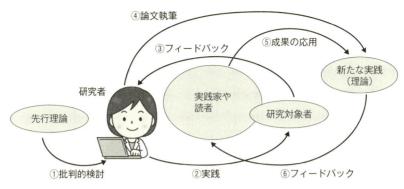

図1-4　質的研究における対象や読者との関係

プロセスを内包しているために、時として曖昧なわかりにくいものとなってしまうのである。

これを量的研究と比べるとさらにわかりやすくなる。図1-5に示したように、量的研究においてはこのような相互に影響を与え合う関係は少なく、一方向的な影響関係が中心となる。あるいは、研究結果に従って一定の施策を講じて対応するのは、研究者とは別の主体が、ある程度の時間経過の後にすることが多い。したがって、そのぶん対象との相互作用が区分けされて、厳密さが保証されやすくもなるのである。

質的研究は、このように複雑な相互関係の中で行われる研究であるので、それだけ、研究の瞬間瞬間での責任と倫理が問われることにもなる。そしてその場その場での反応も得られるぶん、「手ごたえを感じやすい研究」だともいえる。いわば「手作り感」や「手作業感」を得やすい研究である。反対に量的研究においては、その成果が組織の方針や政策に反映される場合に

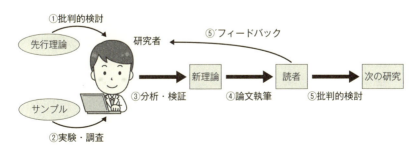

図1-5　量的研究における対象や読者との関係

第1章　臨床現場で役立つ質的研究法とは　9

は、より多くの人々に重要な影響を与えることがあるので、もちろんそのような形での重い責任と倫理は常に問われているし、そういった「大きな」影響関係や法則定立が量的研究の醍醐味ともいえる。

ただし心理学的な研究には、質的・量的に限らず上記のような相互性や責任があまり強くない研究も多い。また物質世界を探究する自然科学や、歴史的・社会的事実を探究する社会科学とも違って、「概念」と「概念」の関係を明らかにする心理学的な研究は、ともすれば現実との距離が遠い研究になる場合もあることが避けられない。しかし、だからといってそのようなタイプの研究の価値が下がるわけではない。これは、研究者各自の求めるものの違いと考えるべきであろう。

## 5　様々な研究法のメリット・デメリット

量的研究と質的研究の主な違いについてはすでに能智（2011）や岩壁（2010）に詳しく述べられている。ここでは、本書の主題である「役に立つ」という視点から、量的研究と質的研究がそれぞれどのような目的においてより役に立つかという点を比較したい。

以下に、筆者にとってなじみの深い研究テーマを実例として取り上げつつ、実験室実験・フィールド実験から質問紙法による研究、さらには観察法と参与観察法、インタビュー法と事例研究法にいたるまで、それぞれのメリットとデメリットを説明していきたい。

### 5-1　実験法

心理学における**実験室実験**の代表は、何と言っても「記憶実験」だろう。実験室の中で次々に提示した刺激語を一定時間後に再生か再認してもらうのがその典型である。この研究は実験手順や刺激呈示に関して、かなり厳密に統制できる。その意味で厳密性が非常に高い研究である。けれども、はたして現実場面でそのようなことがあるかといえばほとんどない、という意味で現実性（リアリティ）の弱い研究だといえる。その典型は「無意味つづりの記憶」に関する実験室研究である。なぜならば、私たちの日常生活の中でそのような「無意味つづり」を記憶する場面も必要性もほとんどないからである（ただし、近年パソコンやスマートフォンなどでウェブサイトに入力する

パスワードは無意味つづり的になる場合があり、まったくそれを記憶する機会がないとはいえない状況になりつつある）。

次に**フィールド実験**を考えてみよう。これは現実の日常場面に何らかの実験的な操作を加えて行う研究である。この実例は厳島（1993）による目撃証言に関するフィールド実験や、高橋（1996）のゴミ捨て行動への介入研究などがある。この研究法はフィールドの条件統制が多少曖昧なものにならざるを得ない。たとえばフィールドの日ごとの天候などは統制しにくいが、手順や刺激に関してはかなり統制できる。その意味でリアリティと厳密さの両方をある程度確保できる研究方法だといえる。

## 5-2　質問紙法

さらに**質問紙法**による研究を考えてみよう。これはたとえば「自尊感と自己開示」などの二つの変数の関係について一般大学生を対象として行われるのが典型的なものである。この種の研究は、100名以上の対象者に短期間のうちに行うのが通例である。このタイプの研究は手続きと結果の分析に関しては、かなりの程度の厳密性を確保できるが、最大の弱点は「発見性」の弱さである。別の言い方をすれば仮説検証にはふさわしい研究ではあるものの、「仮説生成」や「研究者の想定を超えた」結果は期待できないということである。心理学におけるこのタイプの研究は、しばしば「それは誰もが思っていたことでしょう」という、予定調和的な結果となることが多いのも事実である。しかし、多数のサンプルから一般的な傾向を導き出したり、確認したりするためには圧倒的に有利な方法である。さらにはこのようにして作成し得点を標準化した質問紙を、臨床現場で個々のクライエントのアセスメントのために使ううえでも有益である。

## 5-3　観察法

次に**観察法**を考えてみよう。これは先に挙げた「フィールド実験」から介入をなくしたものを想像すればわかりやすい。代表的なものに、駅や公園でのゴミ捨て行動の観察や保育園での園児同士の遊び場面の観察などがある。この研究における研究者は介入はせずに可能な限り観察に徹するのである。倫理面に十分配慮し同意を得た後であれば、隠しカメラによる観察も可能かもしれない。このような研究はある意味で最もリアルな現実を探ることのできる研究だと言うことができる。リアルなデータに対して、指標をきちんと

決めて分析すれば、その結果は統計的に分析することも可能である。さらに、このような観察データは、もし映像データとして残せるなら、必要に応じてより詳しく分析しなおすことも可能な場合があり、厳密性とリアリティの両方をかなりのレベルで備えることができる研究だといえる。

しかしこの方法は質問紙法とは違った意味での「見ようとしたものしか見えない」という、人間科学的研究という営みの最大の難しさが直接に出やすい研究法であるともいえる。つまり、「ゴミの分別率」など内容と指標が一致して客観化できるものはともかく、「保育園児が他の子を悪意をもって押したのか、親しみを込めて押したのか」などの単なる行動の計測だけではわかりにくい要素をどれくらい視野に入れながら観察しようとするかによって、当然見えてくるものが違ってきてしまうのである。

観察法の一つに、**参与観察法**がある。これは、乳幼児や児童の教育場面、祭りなどのイベント、さらには災害現場での救済活動や復興支援、病院や施設の移転などの場面に、協力者として参加しながら観察もしてデータとするという研究方法である。このタイプの研究は、リアリティにおいては非常に高いが、そのぶん厳密性に欠けると言わざるを得ない。このような現場は統制不可能であるし、さらにそこに参与してしまっているという観察者の中立性が保たれない問題があるからである。しかし、参与していることで、外部の中立的な観察者には見えない、小さな摩擦やトラブル、さらにはメンバー間ないしはメンバー個人の内面の葛藤などが見えてくる場合もあり、重要な方法でもある。

### 5-4 インタビュー法（面接法）

次に**インタビュー法**がある。これは、様々な対象に対してあるテーマを決めてインタビューを行って、その結果を質的に分析する場合が多い。もちろん精神医学的スクリーニング調査[注1]のように「構造化されたインタビュー（面接）調査」の場合には、その結果を量的に算出して分析する場合もあるが、これはあくまでも例外的なものと考えていい。この研究法の最大の長所は、質的に厚みのある（細かな情報が豊かに盛り込まれた）データを得られやすいという点にあるが、それはすべてインタビュアーとそのデータを分析する人の技量によるところが大きい。その意味ではやはり「見ようとしたものしか見えない」という問題から免れないが、インタビューを一定程度訓練した後であれば、研究者が想定していた以上のデータが収集できる場合も多

い。インタビュアーや分析者が、あらかじめインタビューガイドという形で、質問内容をおおまかに決めておくが、実際には対象者の答え方によって柔軟に質問の仕方を変えていく**半構造化面接**が、心理学の研究においては主流のインタビュー法である。

### 5-5　事例研究法

最後に、事例研究法を取り上げておきたい。これは厳密に言えば**単一事例研究法**である。この中には「シングルケースデザイン」と呼ばれる、厳密にデザインした単一事例実験法も含まれる。このような例外を除いては、通常その言葉どおり、「ある心理療法の事例の経過を、その事例を担当した実践家が詳しく報告して、考察する」というものである。この方法に関する賛否両論は、すでに多数ある（たとえば下山，1997；斎藤，2013）。筆者の考えとしては、現在日本で一般的な事例研究は、臨床家の訓練としては、書く側・読む側の双方にとても意義があり、これについてはいくら強調してもしすぎることはない。しかし事例研究法は研究としてはサンプルの代表性に関する配慮が少なすぎて、「見たいものを見て語りたいものを語る」レベルに留まっているものが多いというのが率直なところである。このサンプルの代表性とは、ここでは「この事例は、少なくともその執筆者の実践においては、代表的な典型例であるのか、ごくまれに見られたいわゆる『稀に見る（感動的な）事例』なのか」という問題と狭く限定してもいい。このようなささやかな代表性さえも考慮・言及していない論文が多いという点に研究としての疑問を抱かざるを得ないのである。また、日本の多くの事例研究は終結時の効果測定（あるいは評定）や終結後のフォローアップのないものが多く、再発の可能性を疑わせるものも少なくない。

ただし、岩壁（Iwakabe & Gazzola, 2009；Iwakabe, 2011）の紹介している**プラグマティック・ケーススタディ**の方法をとるならば、開始前と終結後の質問紙データやフォローアップなどの一定の方法により、系統的な比較や事例データの積み重ねが可能となるので、研究としての意義が保証されるものとなるといえる。

表1-1 量的研究と質的研究の比較（1）

| | | 量的研究 ⇐ | | | | ⇒ 質的研究 | | |
|---|---|---|---|---|---|---|---|---|
| | | 実験室実験 | フィールド実験 | 質問紙法 | 観察法 | 参与観察法 | インタビュー法 | 事例研究法 |
| 科学性 | 厳密性 | 大 | 中 | 中 | 中 | 小 | 小 | 極小 |
| | 現実性（リアリティ） | 極小 | 中 | 中 | 大 | 大 | 中 | 中 |
| | 再現性 | 大 | 中 | 大 | 中〜大 | 中〜小 | 小 | 小 |
| | 物語(ナラティブ)性 | なし | 小 | 小 | 中 | 大 | 大 | 大 |

## 5-6 各研究法の特徴の比較

　これらの研究法を表1-1に並べて、その特徴を示す。なお、今回ここには質的研究法としての「エスノグラフィ」「ナラティヴ分析」「会話分析」などは含まなかった。それは、これらの分析法が、データの読み取りと分析に関して、研究者独自の視点の占める比率が非常に高いために、一定の方法としては解説しにくいという側面が大きいのと、臨床研究においては、事例研究の一部に含まれる営みと言ってもいいという理由からである。

　次に表1-2には、上記の研究方法それぞれの目的についてまとめた。この表に示したとおり、一言で言って量的研究は法則定立的であり政策立案的である。それに対して質的研究は**個性記述**という点に大きな特徴があり、**仮説生成的・モデル生成的**であるといえる。

　つまり量的研究は多数のサンプルや厳密な手続きからその法則性を明らかにして、そこから導き出された結果を多数の対象に活かすための政策に使うのに適している。たとえば、予防接種やメタボ対策に代表される予防医学に活かされる疫学調査や、「治験」と呼ばれる医薬品の臨床研究がその典型例だろう。しかしこのような量的研究は、一方で法則から外れた例外的な事例や目の前の個別の事例に「どう対応するか」の答えは持っていない。

　反対に質的研究は、少数のサンプルからきめ細かい情報を集めて結果が導き出されるので、目の前の個別の事例に「どう対応するか」という実践的なモデルを提供することに長けている。その反対に多数のための政策提言としては非常に不確かなものになってしまうという特徴がある。また質的研究は緻密でリアルなデータから、量的研究のための新たな仮説を生成する場合にも力を発揮する。

表1-2　量的研究と質的研究の比較（2）

量的研究　⇐　　　　　　⇒　質的研究

| | | 実験室実験 | フィールド実験 | 質問紙法 | 観察法 | 参与観察法 | インタビュー法 | 事例研究法 |
|---|---|---|---|---|---|---|---|---|
| 目的 | 法則定立 | 大 | 中 | 大 | 中 | 小 | 極小 | なし |
| | 政策立案 | 大 | 中 | 大 | 中 | 小 | 極小 | なし |
| | 個性記述 | 極小 | 中 | 小 | 中 | 大 | 大 | 極大 |
| | 仮説生成 | 小 | 小 | 小 | 中 | 大 | 大 | 中 |
| | モデル生成 | 小 | 中 | 小 | 中 | 大 | 大 | 中 |

## 6　質的研究の質

　一般的に研究の良し悪しは、どのように評価されるのだろうか？　それは質的研究・量的研究に限らず、どのような研究においても「目的と方法、考察がいかに一貫しているか」にあるといえる。そして、質的研究に関しては「結果の持つ現象説明力」や予見性だと言っていいと思う。それは、その質的研究によって、目の前の複雑な現象が説明されて了解しやすくなり、さらにそれに引き続いて起こることが、ある程度の精度をもって予測されるようになるというものだ。

　しかし、その研究をさらに社会的なものとするためには、それらに加えて「研究の転用可能性」が大切となる。つまり「類似の事例や現場にどれだけ役に立つか」という点である。この転用可能性とはすでに述べたように、質的研究における「再現性」は厳密な意味では確保されなくとも、「別のケースに対応する場合にも参考になる」というものから「別の現場でも使える」というモデルを提供するという意味で、非常に重要なことである。

　この「転用可能性」や「結果の一般化」に関して、西條（2008）は「現象を見る視点を呈示することによって、そこで得られた視点を通して現象の見え方が変わるような、より良い実践につながる構造（モデル）を構成することができれば、それは『視点呈示型研究』として成功といえる」（p.103）としている。そして、西條はこのときに働くのは「アナロジー」の機能であるとしている。つまり、まったく同じ事例や条件は存在しないので厳密な再現

は無理であるが、「ある程度似ている」もしくは「重要な要素が似ている」という点で、ある優れた質的研究が呈示したモデルが、他の事例や現場での実践をより良いものにしてくれる可能性が高いという意味での有用性である。

このような意味において、最も大切なことは「何を見ようとして、どのような手続きでどのように分析したのか」の意識的な検討とその過程の開示である。

## 7　研究の難しさ

### 7-1　基礎力 ── 日本語で考える力が求められる

よく「統計やSPSS（多変量解析ソフト）が苦手だから質的研究をしたい」と言う学生がいる。けれども、そのような動機で質的研究をすると、ほぼ間違いなく行き詰まる。質的研究においても、データに見合った適切な分析法を選択したり、普遍性をもたせるような形で解析していく基礎的な力が必要なことにはなんら変わりなく、加えて、質的研究独自の難しさもあるからだ。それは一言で言えば**日本語で考える力**である。主に日本語によって書かれた質的データの文脈を理解し、その裏にある意味を捉え、データの他の部分との関連を見出す。そして、それらを的確なコードや概念で表現し、時には新しい概念を生成する。これらはすべて、日本語で行われるのであれば国語力が、英語で行われるのであれば英語力が何よりも必要とされる。

質的研究者のエキスパートの中には「言葉の魔術師」と呼べるような才能を見せる人も少なくない。また、「質的研究の魅力とは」の節でも述べたように（5ページ）、このように言葉を駆使しながら、新しい言葉を生み出したときの喜びはなにものにも代えがたいということもいえる。

### 7-2　どの分析法にするか？ ── 目的に合った分析法を選ぶ

私たちは基本的に、この世の中の出来事から意識的・無意識的にかかわらず選び取ったものしか見ていない。特に、計測機器を使わずに現実を見聞きする質的研究においては、見ようとしたものしか見えないというのが現実である。なので、質的研究においては何を見ようとしているのかをはっきりと自覚し、目的を明確化させ、その目的に合った対象を選び、その目的と対象

に合った分析法を選ぶことが決定的に重要となる。

　たとえば私たちは、フィギュアスケートを見るときにどのように見ているだろうか？　おそらくこれまでにフィギュアスケートを自分自身で体験してきた人は、スピンやジャンプ、そしてスケーティングまでを審査員なみに正確に見るだろう。その一方で、フィギュアスケートにあまり詳しくない人は、全体的な雰囲気やスケーターの表情を中心に見ているかもしれない。あるいは選手の知名度や、報道される個人的なエピソードや物語に沿って見るかもしれない。そして、面白いことにそれぞれの見方で、十分にフィギュアスケートを楽しめるというのも事実だろう。

　このことを質的研究に当てはめて考えると、私たちの視点は、見る人それぞれのものであり、特に複雑な現象に関しては、様々な視点があり得るし、そのそれぞれの視点が有益であるということである。けれども、ここで問題になるのは「はたして質的研究は、研究者の数だけ分析視点や分析結果があっていいのだろうか？」ということである。これに対する筆者の答えは「イエス」であり「ノー」である。現象に対してそれぞれの視点から分析するのが質的研究の本質であるという意味ではイエスである。けれども、「その現象固有の特徴を描き出すのが質的研究である」ということもまた事実である。なので、単に「多様な分析が可能」ということではない。先のフィギュアスケートの例でいえば、「この選手が他の選手と本当に違う表現スタイル」、「この選手の特徴を最もよく描写できる分析視点」という点、あるいは目的に応じて「このような選手の演技をより美しく見せるための演出」等につながる分析でなくてはならないのである。

## 7-3　研究者の主体性の問題

　この点において、参考になるのが西條の**関心相関性**という考え方である。西條（2007）によれば、様々な理論の「存在・意味・価値」は主体の「身体・欲望・目的・関心」と相関的に規定される。たとえば、雨が降った後の水たまりは、水に飢えていない人には単なる水たまりだが、何日も水を飲んでない人には「飲料水」と映る。その人の関心や欲望で同じものでも意味や価値が変化するという指摘である（図1-6）。

　これは非常に正しいのだが、この「主体」を質的研究者と考えた場合には、大きな問題となる可能性をはらんでいる。つまり質的研究において「研究者の主体性をどこまで中心に据えるか」という問題である。この点に関し

「存在・意味・価値」は、主体の「身体・欲望・目的・関心」
と相関的に規定されるという原理

**図1-6　西條の「関心相関性」**（西條, 2007）

ては質的研究者の間でも、意見のばらつきがある。第3章においてグラウンデッド・セオリー・アプローチに関する議論で詳しく触れるが、グレイザーとストラウス（1967）やその流れを汲むコービンとストラウス（2008）においても、再現性や検証可能性、一般化可能性などの「客観的科学性」を大切にしていたが、木下（2003）においては、「研究する人間」の主体を大切にするという違いがある。この問題に関しては、筆者は質的研究を質的研究として推し進めれば推し進めるほど、研究者の主体性は重んじられる方向に行く必然性があり、そこまでラディカルにならないのであれば、再現性や一般化可能性をある程度重んじる立場になると考えている（本書第7章の2節、3節も参照）。

## 8　質的研究の基礎となっている哲学

　私たちが目の前の物事を捉えようとするとき、そこには暗黙のうちに何らかの認識論や哲学が関係してくる。そしてそれは研究という営みに関しても例外ではない。
　たとえばかなり以前の話になるが、筆者の上司がテレビである有名な評論家と対談したことがあった。その時、不登校や引きこもりの問題を取り上げた上司に向かって、その評論家は「あなたが不登校不登校って言うから、不登校が増えるんじゃないの？」と言った。ここには、論理的な問題と認識論的な問題の両方が投げかけられている。すなわち論理的問題では「因果関係の逆転」であり、認識論的問題では「不登校という客観的な現象は存在しな

い」という立場が含まれているのだ。つまり「不登校は単に学校に行っていないだけで、それを問題視したときに初めて問題化される」とか「不登校という言説が流布することで、家族や学校、本人までが自分を不登校児だとみなして問題化する」という視点である。近年ではドメスティック・バイオレンス（DV）や児童虐待に関しても、まったく同様の発言を耳にすることがある。ただし、不登校やDVはともかく、非行少年などの場合は「この生徒は非行に走る困った生徒だ」とみなせばみなすほど、そうなりやすいという現象も時には生じるので、問題は複雑である。

このように目の前の現象をどのように捉えるかは、とても根本的な問題であり、質的研究にも直接関わる問題である。第5章においても少し触れられるが、今日整理されている主な認識論上の立場としては、以下のものが挙げられる。

> 実証主義
> ポスト実証主義
> 構築主義
> 社会構築主義
> ポスト構造主義
> 物語論

**実証主義**（科学的実在論）は観察者とは関係なく、純粋に科学的で実証可能な事実が存在するという立場である。それに対して、**ポスト実証主義**とは客観的な事実は存在するものの、それは完全には測定できない。けれどもできる限り客観的な事実に迫った測定を目指すとする立場である。

それらに対して、**構築主義**とはたとえば「私たちが見聞きする現実はすべて文化と社会を通して歴史的に構築されたものであり、すべての現実は社会と個人とが作り上げたものだ」と主張する立場である。また、**社会構築主義**（社会構成主義とも呼ばれる）は、構築主義をさらに社会的な方向に強めたもので、「私たちの見聞きする現実は、すべて社会的に構成され政治的な力に影響を受けている」とする立場である。この立場に拠ると、上記の不登校の例で言えば「不登校と呼んだ瞬間から不登校は発生する」というような捉え方となる。つまり「不登校は、単に学校をしばしばあるいは長期的に休んでいるだけのことで、これを不登校として問題視するのは学歴至上主義社会

から影響を受けて『学校に行かないという行動は異常である』と社会的に定義することから始まる」とする言説である。一方で**ポスト構造主義**とはたとえば「私たちが日々会話したり、書いている言葉の意味や言葉そのものは権威者・権力者やマスコミのものではなく、常に一時的なものであり、うつろいゆく過程の一形態であるにすぎない」とする考え方である。

それに加えて、「私は、両親の離婚を防ぐために学校に行かないで頑張っている」などの、本人なりの物語による行動の意味づけを重要視する言説を、**物語論**（意味論）と呼ぶことができる。このような物語論的な立場から言えば、神話の世界も妄想の世界も一定の重要度を持った大切な世界であり、研究の対象となる重要な領域である。たとえば、フランクル（Frankl, 1963）のロゴセラピーのように、「生きる意味」を確認することによって、現在のストレスへの耐性が変わるというような、本人にとって重要な意味を持つ考え方でもある。

以上のように、様々な考え方を踏まえて、それでもなお果敢に挑んでいくのが、現場における質的研究である。そして、そのような果敢さを通じてのみ「今いる場所を、少し良くする」ということが可能になり、そこから始まって「世界をもう少し良くする」ことも可能となると筆者は考えている。

---

**注1** たとえばうつ病やパニック障害などについて研究するためにあらかじめ診断基準に合致しているかどうかを確かめる調査。

第2章
# KJ法の臨床応用
―― 実践的な指針の探索

古田雅明

## 1　はじめに

　皆さんが最初に出会う質的研究法はおそらく **KJ法** ではないだろうか。すでに大学の講義でKJ法の概要を聴いたことがある人も、あるいは何回か実践した人もいることだろう。発想法の一つとして有名なKJ法は、企業が新たな製品を考える際や硬直した組織の諸課題を検討する際などにも使われており、新たな発想を生むだけでなく、会議の効率を上げるものとしても評価されている。そしてKJ法はブレーンストーミングと共にビジネスマンに広く認知されている発想法といわれている。

　このようにKJ法は一般にも広く認知され、一見すると理解しやすく、研究にも取りかかりやすいように感じられる。ところが、実際に取り組んでみると奥が深く、また様々な難しさもあり、分析の途中で混乱してしまったり、反対に深みのない表面的な分類に留まってしまい、臨床研究の発表までたどり着けない人も多いようである。

　本章では、KJ法の基本的な考え方や進め方について説明し、実際にKJ法を活用した臨床研究の例を示していく。その中で、皆さんがこれから取り組む卒業論文や修士論文、あるいはこれから出会うであろう臨床場面、あるいは日々取り組んでいる臨床実践の研究に応用できるようになるためのエッセンスを解説していく。

## 2 KJ法の背景

### 2-1 KJ法の歴史
　KJ法は、日本で生まれ発展した代表的な質的研究法の一つであり、1967年に川喜田二郎が「発想法」として発表したものである。KJ法の名前は川喜田の頭文字（Kawakita Jiro）に由来する。
　川喜田は、地理学、民族学、文化人類学の学者として活躍し、たとえば文化人類学に関しては、当時まだ真の実態が明らかとなっていなかったチベット族の一妻多夫制について、18世紀の観察記録なども用いたKJ法による研究を行っている（川喜田, 1970）。後にKJ法は創造性開発のための新技法として注目され、産業界や教育界において広く応用されるようになっていったのである。

### 2-2 KJ法の根底にある考え方
　KJ法は研究法の一つであるから、技法的な面も重要であるが、それ以上に重要なのはその根底にある考え方である。
　川喜田は、KJ法の思想背景として西田哲学や霊長類研究で有名な文化人類学者の今西錦司の影響などを挙げているが、ここでは紙幅の制約もあるので臨床的応用に関連する考え方を中心に紹介したい。より深くKJ法の背景を知りたい方は『続・発想法』（川喜田, 1970）や『KJ法』（川喜田, 1986）などを読み進めてほしい。
　そもそも文化人類学が個別的現象から次第に一般的な秩序（法則性）の発見に向かう伝統を持つ学問分野であることから、川喜田は「データそれ自身をして語らしめよ」と述べ、この考え方がKJ法の根底にあることを強調している。つまり、トップダウンの演繹的な研究ではなく、個別的にあるがままの現象を観察し、その観察データからボトムアップ的に法則性を把握しようとするのである。ここに個別性と一回性を特徴とするセラピーの諸現象を探究する臨床心理学との親和性がある。
　川喜田自身は、KJ法を「人間が未知の問題に直面して、これを問題提起からはじめて、首尾一貫して達成する探究の全過程の中」に位置づけている。そして、この一連のプロセスを**W型問題解決モデル**として説明してい

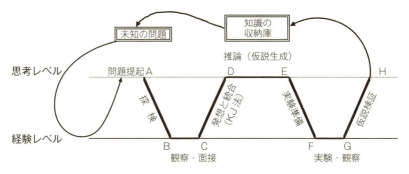

**図2-1　W型問題解決モデル**（川喜田, 1970, 1986をもとに筆者が改編）

る（図2-1）。

　W型問題解決モデルによると、これまで蓄積した知識では解明できない未知の問題に遭遇した場合に、試行錯誤を経た後に、まず思考レベルの問題提起が生じる。その問題提起をベースに経験レベルの探索を行う。具体的には、フィールドワークなどにより観察データや面接データを収集することになる。次に得られたデータを対象にKJ法（発想と統合）を行う。その結果は、思考レベルでの推論（仮説生成）へと昇華される。その次に、実験を行い実証的な仮説検証へと進むというモデルである。これを整理すると未知の問題に対する問題提起から始まり、KJ法による分析と思考レベルの推論に至るABCDの流れがいわゆる質的研究である。そして仮説を検証するために、実験や観察を行う図中のEFGHの流れは、従来の自然科学的手法による量的研究に相当する。

　この流れからもわかるように、一般的な心理学研究において、KJ法は量的研究で頻繁に用いられる質問紙の項目を設定するための予備的研究として実施されることが多かった。しかし、心理臨床の現場や臨床研究に使用する際には、たとえば心理療法の成功や失敗に関わる諸要因の探索など、実践上で出会う困難への効果的な対処法の探索や、あるいは次々と現れる新しい臨床的課題に取り組む際の実践的な指針を得るために活用されてきた（古田・森本, 2009；岡本, 2007；白石・立木, 1991）。

　以上のように少々小難しい点を強調したのは、KJ法の背景の考え方を理解しないままに研究技法のみ用いると、早晩、研究が行き詰まってしまうか、不十分な分析のままで終わってしまう可能性が高いからである。常にオリジナルのデータに基づいてボトムアップ的に感じ、考えていくこと、その

プロセスにおいて、法則性に関する仮説を発見する発想法であることを折に触れ心に留めておいていただきたい。

## 3 KJ 法の手順

それでは、次にKJ法の技法面として、具体的な手順を紹介しよう。

KJ法の具体的な手順はスモールステップ化されており、**ラベル作り、グループ編成、図解化、文章化**の4段階から構成されている。KJ法は経験を積めば一人でもある程度の段階までステップを進めることが可能であるが、初学者は経験者も含む数名のグループで実施し、各段階において教員など質的研究の経験者から適宜指導を受けたほうがよいだろう。以下はグループで行うKJ法の手順である。

### 3-1　第1段階 ── ラベル作り（カード作り）

面接や観察などにより収集したデータ（発言や自由記述など）を1行程度に要約し、内容ごとに1枚のラベル（カード）を作成する。1枚のラベルには一つのことだけ書き、しかもデータのエッセンスをしっかりとつかんで書かなければならない。ここで注意したいこととして、単語レベルまで要約するのではなく、あくまでオリジナルデータに近い1行程度の文のレベルで要約するのが望ましい。単語レベルまで要約してしまうと、オリジナルデータの発言や自由記述の持つ微妙なニュアンスが省略されてしまうからである。細かいテクニックだが、この段階の工夫として、たとえば、のりづけできる付箋紙をラベルとして使うと第2段階以降で便利である。

### 3-2　第2段階 ── グループ編成

このグループ編成の段階はさらに、①ラベル広げ、②ラベル集め、③表札作りのスモールステップからなる。

①ラベル広げ

第1段階で収集したラベルを広いテーブルや床などに全体を見渡せるように並べ、一枚一枚をよく読む。

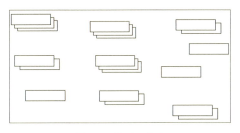

**図2-2 ラベル集め**

②ラベル集め

　次に、内容的に似たラベル同士を近くに配置してグルーピングしていく。このとき、なるべく先入観を持たないように分類をする。具体的には、知的に考えてグルーピングするのではなく、感じることを重視するとよい。グルーピングに迷うものや、一匹狼的にどのグループにも属さないラベルが生じるが、その都度、共同研究のメンバー間で十分に話し合いをしながら、合議により意味あるグループにまとめていく。あるいは、各メンバーがそれぞれ別々に個人でラベル集めの作業をして、その後、メンバー間でお互いのグルーピング結果を照合し、一致率を算出する方法もある。その場合でも、不一致分については、メンバーの合議によりグループにまとめていく。

③表札作り

　グルーピングが完成したら、そのグループ全体を表す一文を書いた表札を作る。この表札作りのステップがKJ法の全ステップの中で、習得に苦しむ難関とされている。グルーピングされた各ラベルを何度もよく読み、それらに通底する意味内容を表す表札を作成しなくてはならないからである。川喜田は、このステップを「ラベルの集合が求めている中核的な何者かを適切につかみとる」と表現している。これはたとえば、統計学の因子分析における因子抽出と因子名をつけるプロセスを直感的に行うような作業にたとえることができる。統計ソフトの計算力に頼らずに、あくまでオリジナルデータに基づきながらボトムアップ的に自分たちで発見していくステップであり、KJ法の醍醐味の一つでもある。

　グルーピングが終了し、表札作りが一段落したら、似た表札同士を集めてさらに大きなグルーピングもできる。ここまでの段階に来たら、後の文章化のためにも、29ページに掲載した表2-1のように整理しておくとよい。

## 3-3　第3段階 —— 図解化

第3段階は、①空間配置と、②図解化のスモールステップからなる。

### ①空間配置

グルーピングされたカードと表札を1枚の大きな紙の上やホワイトボードの上に空間配置して図を作成する。このとき、意味的に近いと感じられた表札とカード群を近くに配置する。この空間配置の段階では、大グループ（ユニット）と小グループ（カテゴリー）が多すぎると、配置に困難が生じやすい。経験的には大グループ（ユニット）が10以内であるとまとめやすいといわれている。直感的に見やすくてわかりやすい空間配置にするために、何度も試行錯誤が繰り返されることになる。この作業のとき、何度も貼ったりはがしたりできる、のりづけできる付箋紙が便利である。

### ②図解化

そして、カードや小グループ（カテゴリー）、大グループ（ユニット）などの関係を示すために、それらの間に関係線（たとえば、"→"など）を引いたり、関係づけの記号（たとえば、"≒"、"∴"など）を使ったりする。

この段階まで来ると視覚的かつ直感的に全体構造がわかるようになり、オリジナルデータの混沌から生じる苦しみから解放され、データから仮説生成への見通しが持てる。しかし、全体構造における各要素の関係性は図だけでは十分に明確にならないので、次の文章化が必要となる。

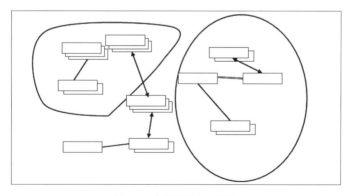

図2-3　空間配置と図解化

## 3-4 第4段階 ── 文章化

最終段階として、ここでは、図解化された結果を文章化する。この文章化がうまくいかない場合は、論理性やカテゴリー間の関係性に何らかの問題があると考えられるので、前の分析段階に戻って再分析を行わなくてはならない。

文章にする前に、口頭でラベルと表札を読みながら流れを確認しておくと文章化がスムーズになる。この段階も共同研究のメンバー間で話し合いながら、進めていくとよい。また、KJ 法によって導き出された結果と、研究者としての考察が混同しないように留意して書き分ける必要がある。

# 4　KJ 法を活用した臨床研究の実践例

## 4-1　実践例 ── 心理療法場面におけるセラピストの効果的な自己開示

ここでは KJ 法を活用して修士論文研究を行った実践例を紹介する。

この研究の著者は学部生の頃から自己開示に興味を持って卒業論文のテーマとして取り組んでいた。そして、大学院では臨床心理士になるための基礎訓練を受けながら、経験豊かなセラピスト（以下 Th）の実践に肉薄した研究を行うことで、クライエント（以下 Cl）の支援に資する結果を得たいと考えてこのテーマを選んだそうである。

Th が行う自己開示については、これまで様々な理論的立場から賛否両論含めて議論されてきたテーマである。しかし、その臨床的な効果について日本では経験に基づく議論が主流であり、自己開示をした Th の意図とそれを受けた Cl による評価の双方を対象にした質的研究はほとんどなかったといえる。その意味で、臨床実践上の未知の部分が多い課題を探索した研究と位置づけられるだろう。

以下に、その修士論文研究の要約を示しつつ、KJ 法がどのように臨床研究に活用されたのかを解説する。

> **問題と目的**
>
> 心理臨床場面における自己開示には、Cl が行う場合と、Th が介入として行う場合があり、両者の意義や効果は異なる。前者は Cl のパーソナリティの健康を達成する手段として肯定的に評価されてきたが、Th による

自己開示については賛否両論がある（Jourard, 1971）。代表的な否定的考え方にはフロイトの「blank screen」があり、ThはClに対して曖昧なままであるべきだとの主張がある（Bottrill et al., 2010）。一方、肯定的考え方では、Clと対等に向き合い、治療同盟を高めたり、Clに異なる考え方や行動の選択肢を提示したりするための自己開示、特にClに支持的に向き合い勇気づけるような自己開示が適切としている（Hill & Knox, 2002）。

この賛否両論も踏まえた上で、Thによる自己開示の効果を検討するのであれば、Thの意図的な自己開示をClがどのように認知し、評価したかを検討する必要もあろう。

そこで本研究では、Thのどのような自己開示が、Clの不安を軽減し、自己開示・自己理解・変化などを促進することにつながる効果的な支援となり得るのか、あるいは逆に効果がないのかをThとCl双方にインタビューすることで明らかにすることを目的とする。

なお、本研究におけるThが行う自己開示は「介入技法として、Thが意図した上で行う、自身の性格や身体的特徴、経験について開示（事実の開示）、および、Clやセラピーに対しての考えや感情の開示（自己を含んだ開示）」と定義した。

### 対象と方法

調査協力者　経験年数20年以上のTh 1名とそのThが心理面接を行ったCl 4名。

臨床素材　心理面接171セッションのうち、Thによる自己開示が行われた12セッションのトランスクリプトを用いた。

調査方法　調査協力者へインタビュー調査と記述調査を行った。インタビューはIPR[注1]のガイドラインを参考にして、トランスクリプトの分析をもとに調査協力者に面接データを提示しながら、調査に必要なシーンごとに、自由回答式で質問した。

倫理的配慮　まず、依頼する対象者について倫理面から十分に吟味し、協力拒否や中断、インタビューでの発言等のすべてにおいて、自由意志の発揮が期待できる元クライエントや終結間際のクライエントに限定して依頼した。調査協力者に研究目的と内容、研究結果の公表について事前事後に十分な説明を行い、書面にて同意を得た。また、セラピーの経過や現在の生活への影響を最小限にするよう最大限の配慮を行った。

表2-1　セラピストの自己開示の分類

| ユニット | カテゴリー | 具体的な自己開示の内容 |
|---|---|---|
| ①事実の自己開示 | 1　体験の自己開示 | 学生時代の出来事などセラピストが過去に体験した内容 |
| | 2　現在のプライベートに関する自己開示 | 家族関係などのプライベートを含んだ内容 |
| ②自己を含んだ自己開示 | 3　クライエントに対する考えや印象の自己開示 | セラピストがクライエントに対して考えていること、感じていること、クライエントの印象など |
| | 4　Here & Nowの自己開示 | 今、セラピーの場でセラピストがどのような態度でいるのか、どのような気持ちでいるのかを表明する内容 |
| | 5　見通しの自己開示 | セラピストがクライエントの将来を先取り的に予測して、どのような見通しを持っているかを伝える内容 |
| | 6　アセスメントの開示 | クライエントに対してアセスメントした内容 |
| | 7　同調的自己開示 | クライエントの話に同調しながらも、その話の内容についてセラピストがどのように考えているかを伝える内容 |
| | 8　クライエントへの肩入れ的な自己開示 | クライエントの立場になって、クライエントの味方になる意思を示す内容 |

**分析方法**　質的分析はイベント・パラダイム[注2]の考え方とKJ法の手法を参考に、臨床心理学の大学教員から定期的に指導を受けながら大学院生2名と合議により行った。まず、Thの自己開示をKJ法に準じた方法で分類した後に、これらThによる自己開示について、Clの病態水準ごとの効果、ケースの時期別の効果の検討を行った。

### 結果と考察

KJ法による分析の結果、Thの自己開示として八つのカテゴリーが見出され、それらはさらに、「①事実の自己開示」と「②自己を含んだ自己開示」の二つのユニットにまとめられた（表2-1）。

ここで解説として表2-1を説明すると、「1．体験の自己開示」とは、たとえば青年期のClに対して、学生時代の出来事などThが過去に体験した内容を開示したものである。「2．現在のプライベートに関する自己開示」とは、家族関係などThのプライベートを含んだ内容を開示したものである。これらの二つの自己開示は、ボートリルら（Bottrill et al., 2010）の先

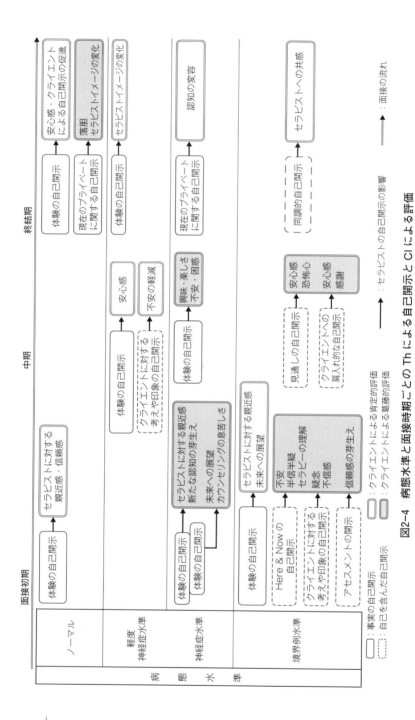

図2-4 病態水準と面接時期ごとのThによる自己開示とClによる評価

行研究を参照すると、「①事実の開示」に相当するものと判断されたので、一つのユニットにまとめられている。

同様に「Cl に対する考えや印象の自己開示」「Here & Now の自己開示」「見通しの自己開示」などが、「②自己を含んだ自己開示」のユニットへと統合された。

いずれも逐語化された実際の面接データから Th の介入（言葉かけ）を一つひとつ丹念に取り上げ、そのうち自己開示と考えられる介入をカード化して分類している。そして、その分類された介入について、その意図を Th にインタビューして確認しながら、研究を進めているのである。

この研究では、これらの KJ 法を活用して見出した Th の自己開示について、Cl にインタビューを行い、その効果について評価をしてもらっている。それらの手順を踏んだ上で、Th による自己開示について、Cl の病態水準と面接の時期別のマトリックスを図解化して効果を検討しているので、紹介したい（図2-4）。

検討の結果、Th は Cl の病態水準が軽い場合、面接の時期にかかわらず「事実の自己開示」のみを使用しており、中でも体験の自己開示を多く用いていた。そして神経症水準以上の Cl であれば、これら自己開示を効果的と評価し、自己理解や Th をニューオブジェクトとして発見する機会として活用していると考えられた。さらに、面接後期には Th の自己開示に対し、葛藤的な評価もできていた。一方、境界例水準の場合、Th は面接初期から「事実の自己開示」だけでなく、「自己を含んだ自己開示」も含め多様な介入方法を用いていた。対して、Cl は「事実の自己開示」を肯定的にとらえる一方、「自己を含んだ自己開示」には肯定的評価と否定的評価の間で揺れ動いていた。しかし、面接後期には Th の自己開示をいずれも肯定的に評価するなど、全般に Th を信頼していた。従来から Th の自己開示は理論的立場によってすべきか否かが選択されるものとして議論されてきたが、Cl の評価を鑑みると面接時期と病態水準に応じていずれの理論的立場においても選択可能性のある介入技法であることが示唆された。

以上のように、この研究では KJ 法を用いて Th の自己開示をボトムアップ的に、かつ探索的に整理しつつ、先行研究との照合を行って分類の精緻化を行っている。さらに、KJ 法を活用して得られた自己開示をもとに、あたかも質問紙を作成して実証的に仮説検証を行うのと同じく、Th と Cl に協力

を得て IPR のガイドラインに則った質的な研究による検証を行っているとまとめられるだろう。

## 4-2　KJ法の課題と応用上の工夫

面接データのような逐語録の内容を理解し要約する方法としてのKJ法は、その課題が指摘されている。というのも、KJ法は新たな観点を発見する発想法的側面が強いからである。そのため、逐語録が得られる心理面接の場面を用いたKJ法では、面接者側の一方的で主観的な理解に留まってしまう可能性もある。未知の領域の課題の場合、面接者側からの理解ももちろん重要だが、それに留まることなく可能であれば面接の対象者であるClに確認することも極めて重要とされている（葛西, 2008）。つまり、新たな発見というよりは、KJ法でまとめられた結果の妥当性について、先に紹介した実践例のように、面接のもう一方の当事者であるClにも確認し、オリジナルデータの意味をTh、Clの双方から評価してもらうと研究に厚みが生まれ、結果として臨床的な応用可能性が広がるのである。

# 5　おわりに

魚釣りではフナに始まりフナに終わるということわざがある。初心者の入門編としてフナ釣りは適しており、子どもが最初に覚えるのはフナ釣りだ。しかしフナ釣りは、釣りの奥深さにはまるほどにのめり込んでいく上級編の釣りでもある。もしかすると、質的研究法も、KJ法に始まりKJ法に終わると言えるのかもしれない。それは質的研究の基本的な考え方や研究への取り組み方のエッセンスがすべて含まれているからである。KJ法を通じて質的研究の醍醐味に触れ、研究の幅を広げてもらいたいと願っている。

---

**注1**　対人プロセス想起法（interpersonal process recall）のこと。ケーガン（Kagan, 1980）によって開発されたカウンセラーの訓練法で、面接の録音・録画データを視聴しながらそのときの感じや考えを振り返り、対人プロセスへの気づきを高めることを目的としている。この方法は欧米においては数多くの質的研究にも応用されている（例えばRennie, 1994）。

**注2**　イベント・パラダイム（events paradigm）とは、「Thのどのような文脈におけるどのような介入が、直後または後に起こる影響につながったのか」と問うものである（Stiles et al., 1986）。実際の臨床への関連性と有用性が高いとされており、事例の特有の意味を適切に記述し、研究することができる。

## コラム 初めてのKJ法体験

　私は、大学院入学時から修士論文研究に対して、「実際の臨床現場に応用できる実践的な研究を行いたい」「クライエント（以下Cl）にとっても、セラピスト（以下Th）にとっても役立つ研究を行いたい」という今振り返ると少々欲張りな思いがありました。これを実現するためにたどり着いたのが、実際の面接データを用いるKJ法を応用した質的研究でした。私の個人的な経験ですが、簡単にご紹介したいと思います。

　大学院のケースカンファレンスや研究会等で配布される資料といえば、面接時のメモ書きや記憶をもとに担当Thが作成した紙媒体の資料がほとんどでした。この資料と発表者が伝えてくれる口頭の情報を用いながら、面接場面の雰囲気やCl像の実際を想像することが重要な初期の訓練なのだと思いつつ、カンファレンス等に参加していました。しかし、大学院生であり、初心者である私にとって、同じく初心者の院生が発表する資料から、具体的に臨床場面を想像することがとても難しく感じられ、いつももどかしい思いをしていました。それと同時に、「もっと明確なTh像が知りたい」「どんなふうに介入をしていけばいいのか、詳しく知りたい」と強く思っていました。

　また、大学院の授業などから得る知識も、頭では理解できるものの、実際の面接場面に自分が身を置いた際には、なかなか体験したことに結びつけることができませんでした。そのため、スーパーヴィジョンやカンファレンスで指導を受けて初めて気づくことが多く、「なぜ、臨床現場で面接をしているときにこのことに気づくことができないのだろう」と悔しい思いもありました。

　そこで私は、冒頭の思いを指導教員に伝え、何度もゼミでの修士論文の指導を受けた結果、臨床経験20年以上の臨床心理士の面接データをKJ法で分析するという質的研究にたどり着いたのです。

　第2章に研究例として紹介されていたとおり、私の研究テーマである「心理臨床場面におけるセラピストの自己開示」について、ボトムアップ的に面接データの質的分析を行いました。私が研究に用いた面接データは、ベテランのThが実際に行ったカウンセリングケースの音声データとそれを文字化したデータでした。そして、指導教員やゼミ生とともに、何度も分析・検討を繰り返していきました。

　ところが、ここに質的研究を行うことの難しさと、苦しさがありました。それは、分析に終わりがないように感じられたことです。分析・検討を繰り返すこと

で、面接データがより詳細に分析されていきますが、繰り返せば繰り返すほど、面接の奥深さに触れることになり、「ラベルはこれが適しているのではないか」「もっとこう考えるとよいのではないか」「この解釈のほうがより良いのではないか」といった思いが次々と生まれてきました。この思いが生じている中で、どこを研究の終着地点とするのか、とても迷いました。私はThの行う自己開示に着目をして分析を進めていたにも関わらず、気づかぬうちに「この介入はどのような意味や効果があったのかな……」と、自己開示以外のThの介入についても着目し、解釈を試みていました。初心者の私からすると、今後の臨床に活かしてゆけそうな貴重で多様な情報があったため、得られることはすべて吸収したいという気持ちが生まれてしまっていたのだと感じています。この経験から、質的研究を行う際には、常に「自分の研究対象と研究目的は何か」という原点に立ち返ることが非常に重要なのだということを学びました。

　今回、質的分析を行うにあたり、ThとClの生のやりとりを何度も聴くことで、Clの声の大きさ・速さとそれに対するThの介入の声の大きさ・速さなどに何度も繰り返し触れることができました。つまり面接の実際に近づくような追体験ができたのです。そこには、紙媒体の資料からは得られない学びがあると感じます。特に、今回は一人のベテランが担当する複数の面接ケースを用いたため、「Clに対する基本的な姿勢を変えずにいつつも、そのClの病態・性別・年齢などそれぞれの特徴に応じて、時に柔軟に対応を変化させる」とは、どのようなことであるのか、身をもって理解することができました。この理解は、分析を通じて面接データとじっくりと向き合ったからこその結果であり、修士論文研究を通じてThのモデル像が私の中に内在化されたように感じ、Thにとっても役立つ研究というものにたどり着くことができたと思います。

　大学院を修了した現在、職場で担当するカウンセリングのClは、性別・年齢・病態等様々です。しかし、「基本的な自分自身の姿勢は変えず、しかし、Clに合わせて臨機応変な対応が大切」という、今回の研究の中で学ぶことができたTh像は、どのケースにおいても重要であるいうことを意識しながら、日々の臨床活動にあたっています。まだまだ、ベテランThのモデル像に近づくことは難しいと感じていますが、いつか実現できたらよいとも思っています。

　私は今回の経験を通して、臨床の面接場面を用いたKJ法の応用的研究の結果を、他の面接場面にも応用していくことが可能である、つまりClの支援に有用なものとなるということを改めて感じることができました。また、質的研究を行うプロセスの中に、Thとして学び得ることが多くあるのだと思いました。研究プロセスは難しく、長い道のりでしたが、とても面白いと感じています。

栗田麻美（IMSグループ江田記念病院）

第3章
# 修正版グラウンデッド・セオリー・アプローチ
——ミクロな実践プロセスの分析・記述

福島哲夫

## 1 はじめに

　グラウンデッド・セオリー・アプローチとは、主に看護学研究を中心に進めていた社会学者であるグレイザーとストラウス（1967）によって考案された方法である。グラウンデッドと言うとおり、まさにデータに根ざし密着した（グラウンデッド・オン・データ）理論を生成する質的研究法である。

　本章では、このグラウンデッド・セオリー・アプローチ（以下、**GTA**）について具体的に解説し、その発展形である木下（2003）による**修正版グラウンデッド・セオリー・アプローチ**（以下、**M-GTA**）について実際の研究例を挙げながら解説していく。基本的にはオリジナル版のGTAをさらに質的研究として徹底させた発展形といえるM-GTAを中心に解説していくことになるが、可能な範囲でオリジナル版にも触れながら、対比させたり、それぞれの長所を取り入れる形で活用できるように解説していきたい。

　次ページの表3-1に示したように、GTAはその発展過程の中で、主に4種類があるとされている。これら4つの中で重要視する点や基本的立場等が異なるが、分析方法や手続きが大きく異なるのは、M-GTAのみである。そのため、本章では表3-1の中の上の三つをGTA、最後の修正版GTAをM-GTAと呼ぶことで、煩雑さを避けることにする。

　現在、わが国においては、GTAとM-GTAの違いや歴史的発展過程をまったく知らずに、教員から手ほどきを受けたどちらかの方法のみを、無自覚に使用している大学院生や若手研究者が多数見受けられる。しかしながら第1章で述べた「見ようとしたものしか見ない」という研究や、第7章で杉山が論じているように、我流のGTAやM-GTAを使っただけで実証性の高

表3-1　GTAの種類と本書での略称

| GTAの種類 | 特　徴 | 本書での略称 |
|---|---|---|
| グレイザー&ストラウス版 | 1960年代に、それまでの社会学研究への批判として考案された | GTA |
| コービン&ストラウス版 | 解釈を重んじ、新たな理論と方法論の構築を試みる | GTA |
| グレイザー版 | 研究方法としての確立に焦点を当て、言語データの厳密な分析をめざす | GTA |
| 修正版GTA | 質的研究としてより徹底しながら、使いやすくした | M-GTA |

いいわゆる「科学論文」を書いているつもりになっている人も多いというのも最近の残念な現実でもある。そこで、本章においては、それらの問題を踏まえつつも、さらにその問題意識を一歩推し進めて、よりミクロな実践プロセスまでも記述・考察できるようなGTAを提案・解説したい。

　本来のM-GTAでは、対象者ごとの比較はしない（木下, 2007）。それは、M-GTAの研究の多くが、対象者への1〜2回のインタビューに基づいた研究であり、そのように設定した分析焦点者の、より一般化されたプロセスを抽出しようとするものだからである。しかし、このようなプロセスが特定の専門的実践家の介入によって生じたものであるとするならば、その介入によって生じた変化のプロセスをより細かく明らかにしていく必要がある。筆者はそのためには、オリジナル版のGTAが行ったような対象者ごとの比較とはまた違った意味で、異なったセッションごとの比較を行うのも可能ではないかと考えた。そしてもしそこに連続的な変化のプロセスが見られそうならば、個々のセッションをその変化のプロセスの中に位置づけるというタイプのGTAが、必要かつとても有効なものとなる。単一事例研究の分析における分析者の恣意性を最小限にしながら、きめ細かな介入のヒントになるような研究となり得る。そして、そのようなものにしないとGTAによる分析結果は、ある程度実践を重ねた者にとっては、すでに自明のことであったり、図式化・言語化はされていなくても「何となくそんな感じになると思っていた」という結果だったりする。

　そのような研究は、門外漢や初心者にとってはとても参考になるが、その領域で少し経験を重ねた者にとっては、すでに頭の中にあったモデルの再確認に終わる場合が多く、ややもすると「せっかく研究するならこのような質的研究ではなくて量的なエビデンスとして示してほしい」とすら言われてし

まいかねないのである。

　これらの問題に真正面から向き合うと、データの取捨選択の際の恣意性を少なくするためのテーマや視点の設定の重要性や、指導者（スーパーヴァイザー）の必要性も、大切な問題となってくる。そこで今回、それらも意識した上で行った研究の一例として、長期的に行われた心理療法の一事例を取り上げ、その事例の逐語録の中からとりわけ代表的と思われるセッションを四つ選び、M–GTA で分析・考察した例を紹介する。

## 2　グラウンデッド・セオリー・アプローチとは

　GTA はもともと看護研究を主な領域とする社会学者であったグレイザーとストラウスによって考案された質的研究法である。データに根ざして（grounded on data）、概念を作り、概念同士の関係性を見つけて理論を生成する研究手法である。第 2 章で紹介された日本生まれの KJ 法にも似ているが、新しい概念や理論を生成する力とプロセス性を描出しやすいという点で優れていると筆者は考えている。また、その分析対象とする現象や分析の手順を開示しやすいという意味で、理論の検証にもある程度耐え得る質的分析法だといえる。対人援助や社会的相互作用を持ちながら活動している人であれば、どんな人でも GTA の対象になり得る。したがって、看護師や医師、臨床心理士や教師などヒューマンサービスに携わっている人を対象にインタビューをし、それを逐語化したテキストデータを分析する場合が多い。場合によっては、それらヒューマンサービスの従事者ではなく、患者やクライエント（以下 Cl）と呼ばれるいわばサービスの受益者や、教育サービスの対象者である生徒や学生なども対象とできる。さらにインタビューに限らず、自由記述式の質問紙、手記や実習記録、ある程度の詳しさを持った日記等でも分析の対象にできる。

　GTA の分析の流れとしては以下のようになる。

データ収集とテキスト化　→　データの切片化　→　オープンコーディング　→　軸足（アクシャル）コーディング　→　選択的コーディング　→　ストーリーラインの作成

この一連の手順の最大の特徴は**データの切片化**にある。これは言語データを分析単位に分割することを指す。その目的はデータを文脈から切り離すことで、分析者が言語データから距離をとるためだとされている。

　一方、木下（1999）による M-GTA は、GTA をより質的研究法として徹底させたといえる。すなわち対象者ごとの比較やデータの切片化を廃止し、データの持っている文脈性と「人間を出来るだけトータルにとらえること」や「人間的な生き生きとした部分の理解」を大切にする。そして、データを解釈する「研究する人間」の主体性を大切にしたのである。そうすることで、グレイザーとストラウスがとらわれていた数量的データ分析と同等の厳密さで分析することや、そのために分析者の先入観や恣意性の混入を排除し、できるだけ細かくデータを区切って質的データの分析における厳密さを担保する、というこだわりからある程度自由になったとされている。

　たとえば、GTA ではデータを必ず「プロパティ（内容や領域）」と「ディメンジョン（程度や頻度、具体的な内容）」の 2 側面から分析する。しかし、このような手続きによって厳密さは増しても、その煩雑で膨大な手続きによって、かえって個々のデータの背後に隠れた「意味」への注目がおろそかになってしまうおそれがある。そこで M-GTA では研究そのものの目的を**理論生成**という点に特化し、その理論の検証は実践への応用において行うことで、研究と現実世界との緊張関係を確保していく。さらに、データの不完全性と調査者がデータに与える**関心の反映性**をも認め、その上でこのことによる限界や影響を積極的に明示化する。M-GTA ではこのように質的研究としての姿勢を徹底することによって**意味の深い解釈**が可能になり、分析対象に関する説明力と予測力を持った、実践的活用が可能な研究結果が得られやすくなったといえる。

　このように、質的研究法としての考え方や、研究結果の実践的活用などに関しては、圧倒的にそれまでの GTA よりも M-GTA が優れているといえるが、結果の示し方に関しては、GTA のほうが臨床現場にふさわしい場合もある。特に「意味の深い解釈」をそれほど必要としない「セラピストの介入技法」などの行動レベルに関する分析は、従来の階層的コーディング（木下，2003における図2-5）のほうが明確である。さらに、対象者ごとに主な特徴を書き出した「ケースマトリックス」などのクロス表や対象者ごとのカテゴリー出現対応表などは、臨床研究にとても有益である。そこで、本章においては基本的な考え方と分析方法は M-GTA で行いながら、結果の示し

方においてはストラウスとコービンの流れを汲む才木（2008、2013）や、欧米での一般的な使用方法に詳しい岩壁（2010）らを参考にしながら、あわせて紹介したい。

## 3　M-GTA を活用した臨床研究の実践例

### 3-1　実践例 ── ある摂食障害をもつ女性のアサーションが変化するプロセス

　本章で取り上げる研究例は、筆者が教員を務める大妻女子大学の平成25年度卒業論文の一つを、著者の同意と協力のもとで本書の趣旨に合わせて筆者が改編したものである。以下に概要を記す。

> 　**研究対象**　20代後半の摂食障害（過食嘔吐）に苦しむ女性が、セラピーを受けて主に母親とのアサーション注1 が変化していくプロセス。
>
> 　**分析対象**　約150回に及ぶセラピーを、そのセラピスト（30代女性臨床心理士：以下 Th）とご本人の同意を得て録音、逐語化し、その中から特にアサーションの変化に関係していると思われた4セッションを、指導教員とともに抽出して分析した。
>
> 　**データの特性**　本事例の担当 Th は、セラピー当時、アサーションについては意識していたものの、特別に「アサーショントレーニング」の手法を取り入れたわけではなく、主に精神力動的なセラピー（週1回の頻度）を進めていっていた。その中で Th の後押しによって、ゆっくりとアサーティブな言動がとれるようになっていったプロセスが見受けられた。

### 3-2　リサーチクエスチョンを絞り込む（研究テーマの設定）

　まずは、どのような現象の何を知りたいのかをはっきりさせる必要がある。特定の研究法のために研究があるわけでは決してないので、知りたいことや明らかにしたいこととその結果の使用目的によっては、もちろん GTA や M-GTA がふさわしくない場合もあり得る。その点に関しては第1章を参照してほしい。GTA や M-GTA に合った現象としては人と人がいろいろな「想い」を抱きながら関わっているものがふさわしい。そして、その想いや関わり方が、時間とともに変化していくような現象なら、さらに GTA や

M-GTA らしい研究の可能性が高まる。たとえば、本章で挙げる具体例では、「母親との間でうまく自分の言いたいことを言えない摂食障害の女性が、カウンセリングを受けてどのように自己主張できるようになるのか」であった。

　しかし、もちろんこのリサーチクエスチョンが初めから明確化されていたわけではない。本章末に掲載した分析者本人のコラムにもあるように、初めは「カウンセリングそのものを扱った研究」「セッションの逐語録（トランスクリプト）を扱った分析」をと考えながらデータを見ていたのである。そして、指導教員である筆者と相談しながら、データを詳しく読み込んでいくうちに摂食障害の人の持つ独特な母子関係、特に「自他未分化」とか「過干渉的」「支配的」と言うべき関係がはっきりと見えてきて、さらにそれが変化していく様子も見られた。そしてそのような母子関係が変化していく様子を最もよく表しているのが「アサーションの変化」なのではないかということに気がついた。このような経過を踏んでより具体的なリサーチクエスチョンが浮かび上がり、明確化されてきたのである。

　この点に関しては、より専門的な研究者であれば、もっと早くからリサーチクエスチョンが確定しており、それにふさわしいデータを収集するという作業が先に来ることが多い。しかし、現場での臨床家は、かえって膨大な生のデータに囲まれて日々の実践をしているので、このリサーチクエスチョンの絞り込みはかなり難しい作業となる。

　まずは、データに触れ、できたら複数の仲間と語り合いながら録音（まれに、場合によっては録画）やケース記録を見つめるところから始めるとよいだろう。その際には頭を真っ白にして、できるだけ前提を持たない態度でデータに触れることが大切である。もちろん、Cl の病理や傾向を明らかにしたいのか、Th と Cl との関係を分析したいのか、Th の介入について明らかにしたいのかなどの、大枠は頭の中にあったほうがいいかもしれない。

　分析テーマが決まったら、さらにそのテーマに合ったデータを収集するという作業が続く。それは、本章の研究例のような一事例のトランスクリプトであれば、他のセッションのトランスクリプトを作成・入手し、読み込むことになる。それ以外にも新たにインタビューを計画して、インタビュー対象者の募集、実施、トランスクリプト作成とその修正などの手順が続くことになる。

## 3-3 分析焦点者の設定とデータの読み込み

　M-GTA においては、まず最も分析テーマに近い情報を豊かに内包している、つまり情報の詳しさと多様性に富むと思われる一人の対象者を最初に取り上げる分析対象者として、その逐語録等を丁寧に読み込む。この際に逐語化されたデータを表面的に読んでしまうことを避けるために文脈をしっかりと捉え、対象者が本当に言おうとしていることを理解するように努める。たとえば、対象者が純粋な怒りや恨みを語っているのか、あるいは前後の文脈からすると、「もっと甘えたい」という満たされない依存欲求を「怒り」とか「恨み」という発言で表しているのかなどである。これはもちろん分析者の思い込みや決めつけではなく、前後の文脈からのみその意味を捉えるべきである。

## 3-4 概念生成（またはコーディング）

　GTA では**コーディング**、M-GTA では**概念生成**と呼ばれるものが、次の作業となる。いずれにしてもデータをしっかりと読み込めたら、それを意味のある単位ごとに名前をつける作業である。この意味のある単位とは、GTA ではほぼ一文ごとやそれ以下の短さになる場合が多い。このように元のデータを小さく区切って、名前をつけていく。これを「データの切片化」と呼ぶ。しかし M-GTA では、あえてこのようなデータの切片化をせずに、文脈全体を大切にして、一塊の文脈全体でまとめて概念化する。これは本章の38ページにおいても少し触れたように、グレイザーやストラウスが分析結果の再現性や一般化可能性という従来の客観科学に引き寄せられた発想を拭いきれていないためであり、木下は「研究する人間」としての分析する側の主体性を重んじたためである。M-GTA の場合、再現性と一般化可能性よりも、「このように捉えると現象をうまく説明できる」という説明力と「この分析結果によって、今後似た事例や現場ならこの先どうなるかがある程度予想できる」という予測性を重んじるというのも、「研究する人間」の主体性を重んじていることと深くつながっている。

　このコーディングはできるだけ具体性のある概念名を作ることが大切である。たとえば「親への気持ち」という概念名は、分類枠としては有効かもしれないが、その内容が不明であり、理論生成につながりにくい。それよりは「親への依存と攻撃」などの具体的かつボトムアップ的な概念名が望ましい。また、この際に対象者が語った言葉をそのまま概念名に使う**インヴィー**

ヴォ（invivo）コード化も時には有効である。

## 3-5　分析ワークシートの作成

　グレイザー＆ストラウス版やコービン＆ストラウス版のGTAではデータを切片化するために、逐語録（トランスクリプト）などのデータの脇に、どんどんコード化された概念を書き込んでいく。反対にM-GTAでは、データを切片化せずに表3-2のような**分析ワークシート**を作成していく。これは、パソコン上で逐語録を見ながら、切り貼りして構築していけるので、とても楽しくクリエイティブな作業となる。

　分析ワークシートの最上欄に生成した概念を、次の欄にその概念の定義を書く。そして、三つ目の「ヴァリエーション」の欄に、データ中の類似の発言を集めてくるのである。しかし、実際の手順は、まず何となく似た発言を集めて切り貼りしているうちに、やや異質のものがはじかれたり、さらに複数のグループに分かれたりしながら、次第に整ってくるのがこのヴァリエーションの欄である。これらがある程度整ってきたら、概念と定義を考えて、暫定的に書くことになる。そして、最下欄の「理論的メモ」に、現時点での疑問を日付とともに書いておくとよい。この疑問が解決されたり、採用されて別の概念が生まれた時に、この日付に二重取り消し線を引いておくと、分析のプロセスもわかりやすくなるし、堂々巡りの時間が省けるからである。さらに解決した日の日付とその解決策を書いておけば、論文化する際の分析プロセスの明示にもつながり、一石二鳥となる。

　ちなみにM-GTA以外のGTAではこのような表は作成せずに、コード化とは別の場所に大量のメモを書いていく形をとる。しかし、そのやり方でメモをどの程度活用できるかは、ひとえに分析者自身の能力や性格にかかってくるといえるだろう。

## 3-6　継続的比較（類似例と対極例）

　GTAでは、対象者をそれぞれ比較し、場合によってはタイプ分けして「もっと別の人はいないだろうか？」という観点から人数を増やしてく。これを**理論的サンプリング**と呼ぶ。しかし、M-GTAではこのような対象者間の比較は行わずに、データそのもので比較していく。たとえば、本研究の例でいえば「母親にめんどうくさくて言えない」というデータに対して、「サラッと言えること」「意を決して言うこと」などのデータを比較するのであ

表3-2　分析ワークシートの例

| 概念名1 | めんどうくさくて言えない |
|---|---|
| 定義 | 母親への要望や気持ちを言わずに分かってほしくて、面倒で言えないこと |
| ヴァリエーション | #76. C 1. なんで私から言わなきゃいけないのって言う気持ちがあって……。<br>C 2. 言って、断られたら嫌だし。<br>C14. 言わなくても分かっているはずなのに。<br>C36. 言って渋々やってもらっても、ちっとも嬉しくないんです。 |
| 理論的メモ | 拒絶が怖い？　それとも言わずにやってくれないと価値が下がる？「めんどうくさい」という言葉の裏にある気持ちを表しているデータはないか？（12/5） |

る。この場合「サラッと言えること」は対極例であるし、「意を決して言うこと」は、二つの間の中間的な概念になると想像できる。

　このようにしてある程度概念が生成されてきたら、それらの概念を意識しながら他の手持ちのデータ（つまり初めに丁寧に分析した対象者以外のデータ）もしっかりと読み込んで、似たような発言や記述がないか、あるいは、対極的な発言やデータはないかを探していく。GTAではこれらの手続きを**オープンコーディング**から、それらをある観点からまとめる**軸足コーディング**、さらに欠落部分がないかを確認する**選択的コーディング**と呼ぶ。しかしM-GTAではこのようなネーミングにあまりこだわらない。

## 3-7　絶え間ない比較と理論的飽和

　さらにある程度、概念が生成されてきたら、その概念と対極にある概念、類似してはいるが異なる性質を持つデータとの比較を繰り返していく。本章の研究例でいえば、たとえば「アサーティブな発言とアグレッシブな発言の比較」や、表3-3にもあるような「非建設的な発言と実現困難な提案の比較」などである。

　このようにして、上記の理論的サンプリングと絶え間ない比較を繰り返して、「もうこれ以上新しい概念は生成されない」という状態になったときが**理論的飽和**と呼ばれる状態である。GTAの場合は、分析に際してかなりの客観性を重んじるので、この理論的飽和には「誰が見ても新たな概念が生成される余地はない」という意味合いが強い。しかし、M-GTAの場合は、

表3-3　カテゴリー「CIと母親のやりとり」における各概念と発話の対応表

| | カテゴリー：<br>CIと母親のやりとり | セッション#76 | セッション#85 | セッション#90 | セッション#116 |
|---|---|---|---|---|---|
| 概念 | めんどうくさくて言えない | C1,C2, C36,<br>C14, C38 C44 | | | C4,C6<br>C7　　C76 |
| | 罪悪感から言えない | C1,C3<br>C5,C10, C27<br>C3,C14, | | C42 | |
| | さみしいと言えない | | C16,　C20,<br>C17　C21,<br>　　　C23 | | |
| | 非建設的な会話 | C14 | | C6,C13, | |
| | 実現困難な要求 | | | C6,C7,<br>C12 | |
| | 母への提案と説得 | | | | C4,C8 |
| | 建設的な依頼と押しつけ | | | | C8 |
| | 母の気持ちをくんだやりとり | | | | C10,C11,<br>C12 |
| | 息子の成長を共有する会話 | | | | C16,C17,<br>C18,C19 |

「研究する人間」の主体性を重んじるので、同一のデータでも研究者が違えば生成される概念も異なってくる。そのためにこの理論的飽和も「その研究の目的に照らし合わせて」ないしは「その研究者の視点からは」という但し書きが暗黙裡についていると考えるとわかりやすい。

## 3-8　カテゴリー生成と階層化あるいはプロセス化

　概念とその定義がある程度固まってきたら、今度はそのそれぞれの概念を見比べて、近接している概念同士を集めて「カテゴリー」を作る。さらにそのカテゴリーの似たものを集めて、図3-1のように階層化するのが一般的なGTAのやり方である。

　一方、M-GTAでは、このような階層化を否定し（木下, 2003 p.151にある図2-6参照）、**コア・カテゴリー**と呼ばれる重要ないくつかのカテゴリーを中心にしたプロセス的な結果図として示すことが多い。この研究においては、基本的にM-GTAの手法で分析ワークシートを作成し、そこで生成した概念をカテゴリー化した。そして、プロセス性を記述できるようなカテゴリー生成を目指して、何回も試行錯誤を繰り返して、最終的に表3-4に示すような概念とカテゴリーに至った。ここでは特に本研究において重要な「ア

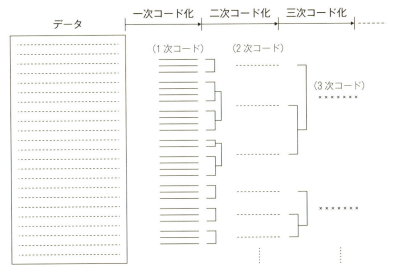

**図3-1　カテゴリーの階層化**（木下, 2003 p.148から引用）

サーティブになっていく」プロセスに関しては、中カテゴリーと大カテゴリーという階層化を行って、記述の丁寧さと図示する場合のシンプルさを同時に満たそうとした。このようにして結果図として示したのが図3-2である。この図から、Clがノンアサーティブな（主張できない）状態のサイクルを繰り返したのちに、アサーティブ（柔らかな自己主張）に至るプロセスを記述することに成功している。

　この結果図の場合、アサーティブな言動は、少なくともこの研究におけるClにとっては直線的に身につくものではなく、長い期間の悪循環的なサイクルの後に、失敗を繰り返しながらやっと身についていくものであることが見て取れる。さらに、アサーティブな言動は、単に行動レベルでの「学習」や「習得」ではなく、「自己評価」や、さらに「本当の感情への気づき」などという「洞察」というカテゴリーで表したような基本的な取り組みが背景となってこそ、身についていくものであることも理解できる。

　また、この結果図に至る以前に、表3-3のように、生成された概念が、どのセッションでどのような頻度で出現しているかのクロス表を作成することで、Clの語りの移り変わりが客観的に分析できるようになる。

## 表3-4　全概念とカテゴリー

| 大カテゴリー | | 中カテゴリー | 概念 |
|---|---|---|---|
| ノンアサーティブサイクル | | 言えない | めんどうくさくて言えない<br>罪悪感から言えない<br>さみしいと言えない |
| | | 不満 | 不本意な献身<br>期待に応えてくれない<br>自分は理解されていないという絶望感 |
| | | 感情への恐怖と禁止 | 感情表出への嫌悪感<br>感情的になることへの恐怖<br>感情表出の禁止 |
| | | 過剰適応 | 相手の期待に応えなければいけない<br>イメージと違うのはいけない<br>迷惑をかけてはいけない<br>体調不良は悪いことだ<br>甘えてはいけない<br>自分が悪い<br>黒い自分を消す |
| | | あきらめ | 援助を求めることの放棄<br>具体的対処への拒否感 |
| | | 過食・体調不良 | さみしさからの過食 |
| アサーションのプロセス | 自己肯定 | 自己評価 | 変化への自己評価 |
| | | 家族への本音と肯定的変化 | 母親に対する嫌悪感<br>父親に対する恐怖心<br>祖父に対する嫌悪感<br>母親への肯定的変化 |
| | | 心情の変化 | 心情の変化 |
| | 感情の肯定 | 感情の肯定 | 甘えることへの肯定的変化<br>しつこい母へのめんどくささ<br>祖父・母へのいらだち<br>本音の表出 |
| | | 感情表出へのゆるみ | 感情表出へのゆるみ |
| | 洞察 | 洞察の深化 | 洞察の深化 |
| | | 本当の感情への気づき | 自身の女性性の認知<br>さみしい気持ち |
| | アサーション意欲 | アサーション意欲 | 問題解決に向けた意欲<br>理想の対処法 |
| | アサーションの失敗 | アサーショントライと失敗 | 非建設的な会話<br>実現困難な要求 |
| | アサーション | アサーションリトライと成功 | 提案と説得<br>建設的な依頼と押し付け<br>気持ちをくんだやりとり<br>息子の成長を共有する会話<br>成功体験と充実感 |
| Thの介入 | | 今ここでの感情表出の促進 | カウンセリング場面での感情表出を促すはたらきかけ |
| | | 感情肯定 | Clの変化に対するThの肯定的評価 |
| | | アサーションの提案 | Thによる対処法の提案 |
| | | 変化の評価 | Clの変化に対するThの肯定的評価 |
| | | 現状分析 | Clの状況に対するThの分析と評価 |

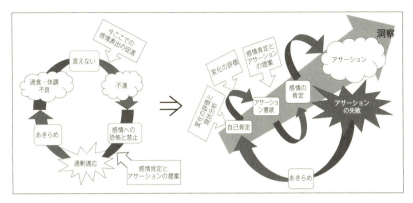

**図3-2 アサーションのプロセス図**（四角内はClの発言、矢印つきの四角はThの介入を表す）

## 3-9 ストーリーラインの作成

　さらにこの結果図を文章で説明する**ストーリーライン**を作成する。このストーリーラインとは「分析結果の現象的概要を、カテゴリーや概念、その定義を用いて記述したもの」である。本研究の場合以下のようになる。（通例として、生成された概念は〈　〉内に、さらにそれらをまとめたカテゴリーを【　】内に表記することが多い）

---

　本研究の対象事例においては、カウンセリングの進行とともに、Clが、自分の母親に対して次第に適切な主張ができるように（アサーティブに）なっていくプロセスが明らかになった。
　まず、Clは〈面倒くさくて言えない〉、〈罪悪感から言えない〉などの【言えない】という状態を経て、【不満】が起こるが【感情への恐怖と禁止】によって【過剰適応】してしまい、【あきらめ】や【過食・体調不良】などの状態になり、それがさらに【言えない】【不満】などを引き起こすという悪循環に至っていた。この一連の悪循環を大カテゴリー『ノンアサーティブ・サイクル』と名づけた。
　このサイクルにおいて、Thの【感情肯定とアサーションの提案】や【今ここでの感情表出の促進】によって、次第に正当な【自己評価】や【本当の感情への気づき】【感情表出へのゆるみ】などを通じて【アサーション意欲】が高まり、（中略）さらに【アサーショントライと失敗】や【アサーションリトライと成功】を繰り返して、徐々にアサーティブになっていく

> プロセスが見出された。このアサーティブになっていくプロセスを、大カテゴリーとして『アサーションのプロセス』と名づけた。

このように、ストーリーラインを書くことによって、プロセス性がより明確になり、カテゴリーとカテゴリーの関係も言語化されていく。そして、これらの手順を開示しつつ、結果とともに示すことが論文作成の上では重要な手続きとなる。また、このような質的研究においては結果と考察は分かちがたいものであるので、論文の項目立てとしては「結果と考察」として、一体化して記述されることが多い。

## 4　論文執筆の際の注意事項

研究活動は論文を執筆して、それが投稿・掲載されるまでが一単位である。論文執筆の際には、当然ながらこれまでの先行研究の批判的レビューをしたのちに、今回の研究の必然性と目的、そしてリサーチクエスチョンの明確化が必要である。そしてさらにリサーチクエスチョンに合致した方法と手順の明示、結果と考察が不可欠である。

M-GTAを使った研究論文でしばしば目にすることとして、せっかく生成した概念やカテゴリーが、これまでの先行研究とどのような関係にあるかをまったく考慮していない場合や、反対に生成した概念やカテゴリーがオリジナリティに乏しい場合も多い。場合によっては、プロセス性を求めながらも、それがうまく表現されていない結果となっていたり、データから飛躍した概念やカテゴリーとなってしまっていたりする場合もある。これらの点に特に注意して執筆を進めることによって、質の高い研究論文となるだろう。

## 5　おわりに──当事者協働研究までを視野に入れて

ここまでM-GTAをオリジナル版のGTAと比較しながら、臨床的な素材を直接分析する手法について解説した（表3-5）。GTA、M-GTAともに詳しくは成書に直接あたってほしい。また、本章での方法をさらに「当事者との協働」として推し進めるならば、イギリス生まれの**認知分析療法**

(Cognitive-Analytic Therapy：**CAT**：Ryle & McCutcheon, 2006）が参考になる。このCATは、Clの認知と行動とその悪循環、さらにはそこからの脱出の方向性までを示したM-GTAの結果図のような「CATダイヤグラム」と呼ばれるものを作成し、それをもとに治療を進めていくという方法である。このように、有用性の高い質的研究は、臨床活動そのものと必然的にオーバーラップするだけでなく、このオーバーラップ部分を積極的に推し進めていくことによって新たな地平が開けることが期待される。

表3-5　GTAとM-GTAの違いの概略

| | GTA | M-GTA |
|---|---|---|
| データの切片化 | する | しない |
| コード化 | オープンコーディング | 一括して「概念生成」 |
| | 軸足コーディング | |
| | 選択的コーディング | |
| カテゴリーの階層化 | 3層が普通 | せいぜい2層 |
| 対象者間の比較 | する | しない |
| 分析ワークシート | 作らない | 作る |
| 分析結果の再現性 | 重視する | 重視しない |
| 研究する人間の主体性 | 重視しない | 重視する |
| 意味の深い解釈 | 重視しない | 重視する |

---

**注1**　アサーションとは、「自他を尊重した自己表現」とか「柔らかな自己主張」と訳される考え方と態度・行動のこと。自分を過度に抑え込んだり犠牲的にならず、かといって攻撃的になるのでもない形で自己表現をし、それを相手にも認めるという姿勢と行動のことである。

## コラム 卒論で臨床トランスクリプト分析を M-GTA で行った体験談

　私は大学のゼミや授業を通してカウンセリングに親しんできました。そして、卒業論文ではカウンセリングそのものを扱いたいと思っていました。そこでゼミの先生に相談したところ、先生と大学院生の研究プロジェクトに加えていただけることになり、カウンセリング場面のトランスクリプトの分析を行うことになりました。クライエント（以下 Cl）は親子関係や過食嘔吐に悩む女性でした。

　私はアサーションのあり方が変化していくプロセスに着目し、母親へのアサーションを苦手とする Cl が、どのようにアサーティブになっていくのかを明らかにしたいと考えました。分析はゼミで勉強した M-GTA を採用し、トランスクリプトを読み込み、概念を生成したあとカテゴリーにまとめ、Cl がアサーティブになっていくプロセスという観点から結果図を作成しました。その結果、カウンセリングの進み方やセラピスト（以下 Th）の介入の仕方、Cl の特徴が見えてきました。

　44 ページの表3-3は代表的なカテゴリー「Cl と母親とのやりとり」における各概念がいつ発話に表れていたかを表にまとめたものです。その結果、セッションが進むにつれて現れる概念が変遷し、Cl と母親のやりとりがアサーティブに変化していったことがわかりました。47ページの図3-2は分析の結果、明らかとなったアサーションの結果図です。このことから、ノンアサーティブな状態から抜け出せない悪循環である「ノンアサーティブ・サイクル」と、アサーティブな状態を目指して取り組み続ける「アサーションのプロセス」があることがわかりました。また、それぞれにおける Th の介入も明らかになりました。

　分析には長い時間がかかりましたし、辛く感じることもありました。先生も根気よく付き合ってくださり、あるときには的確なアドバイスや臨床的な観点からの示唆をくださり、別のときにはじっと見守って一区切りがつくと、また少し見てくださるという感じでした。

　分析を終えてみると、トランスクリプトを読んでいるだけでは気づかなかったことも結果に表れていました。これは、この事例のカウンセリングのスーパーヴァイザーでもあった、ゼミの先生にとってもある種意外性のある結果だったとのことです。

　分析は俯瞰的な視点を持ちつつも保留し、自分の思い込みや予測を捨てて、単語ごとに細かく向き合っていく作業でした。そのように一つひとつの発話としっかり向き合うことを根気強く積み重ねることで、概念や全体の流れが浮き出てき

ました。それは、最初にトランスクリプトを読んだときには想像もできなかったものでした。結果図も、作るというよりは、自然と形になりました。これら全体が私にとって大きな驚きでした。今振り返ってみても、分析結果は自分で作り上げた気がしません。自然にでき上がったものだと思います。分析では私の存在は道具にすぎず、結果は自分の考えの外からやってきて、私の力の及ばない何かから与えられたもののような気がします。質的研究のコツは、徹底的にデータと向き合うことだと感じました。

**石倉秀香**（大妻女子大学卒業生）

第4章
# プロセス研究と質的研究法
――課題分析を中心に

岩壁　茂

## 1　はじめに

　カウンセリング・心理療法においてクライエント（以下 Cl）がどのように変化するのかということを捉えるのは、**プロセス研究**の中心的な目的の一つである（岩壁，2008）。効果研究においてある心理療法に効果があるとわかっても、実際にどのようなやりとりや作業がその効果を生んでいるのかということがわからなければ、心理療法の効果について理解したことにはならないだろう。

　**課題分析**は面接において重要なやりとりを抜き出し、その場面において変容が起こるために必要な要素を抽出し、プロセスモデルを構成するための方法である。また、そのようにして構成したモデルを様々なアプローチの心理療法に取り込むことによって研究知見を実践へと活かすやり方も提示する統合的な方法である。本章では、筆者が実施している恥の介入の研究をもとに課題分析について解説する。また、第5章、および第8章にも課題分析の考え方に基づいた研究が紹介されているのであわせて読んでほしい。

## 2　恥

### 2-1　恥と心理的問題

　筆者がプロセス研究において注目する現象の一つは、恥の問題の解決プロセスである。恥の体験は日常に溢れている。電車に乗ろうと急いで駅の階段を駆け上がると、自分の目の前でドアが閉まってしまう。諦めて後ろを振り

向くと周囲の人たちがじっと一部始終を見ていたのに気づく。その中には母親と手をつないだ子どもの姿も見える。次の電車が来るまでそのすぐそばで電車を待つのには耐えられずにホームを歩き始めるかもしれない。このような恥ずかしさは、「次からこんなみっともない行動はやめよう」と社会的に適切な行動について教えてくれる。もう一方で、個人の中に深く根を張るような恥もある。親に「ろくでなし」「能なし」などとなじられ、育ってきたとき、自分が芯からダメな人間であり、人の愛情や賞賛に値しない無価値な存在だと感じる。そのため、自分の能力を卑下して実際に値するよりも低い地位や職に甘んじたり、自分に合わない人たちと付き合っているかもしれない。このような恥は、深くアイデンティティに根ざし、不適応な行動や対人関係の中心にある**中核的恥**となる（Greenberg & Iwakabe, 2011）。

　恥は、社会的な慣習や他者の目を意識したことによって起こるために、社会感情とか自意識感情といわれている（Tangney & Dearing, 2002）。しかし、それは社会化のプロセスで初めて学習されるものというよりも早期に母子関係において表れる。恥はそれ独自の大脳生理的反応とそれに付随する生理反応を伴う（Schore, 2003）。恥ずかしいと感じるとき、一瞬にして顔が赤くなり、心臓がどきどきして、頭が回らなくなる（Gilbert & McGuire, 1998；Keltner & Harker, 1998）。そして、「その場から逃げだしたい」「穴があったら入りたい」と思い、頭を垂れて視線を落として顔が他の人から見えないようにする。このような恥の特徴は文化を超えて見られることから、恥は基本感情の一つとも考えられている（Tomkins, 1987）。

　恥は、心理的問題と密接に関わる感情の一つである。うつは一般的に「不適切、または過剰な罪悪感」が特徴の一つとされる。しかし、恥がうつの特徴であることを示す実証的データはかなり多く集められている（Dearings & Tangney, 2011）。摂食障害（Swan & Andrews, 2003）、境界性パーソナリティ障害（Linehan, 1993）、社交不安性障害（Gilbert, 2000）などにおいても中心的な感情であると示されている。実際に、恥と関わる問題は、心理療法実践において非常に多い（Kaufman, 1996；Nathanson, 1987, 1992）。社交不安性障害とはいわなくとも、人前で恥をかくことを恐れるといった対人不安は最も広く見られる心理的問題の一つである。恥をかくことへの恐れや不安は、**恥不安**と呼ばれる（Greenberg & Paivio, 1997）。大学の学生相談であれば、受験の失敗からくる挫折感、不本意入学し、大学が一流でないことに劣等感をもつ、などという悩みは一般的である。容姿に関するコンプレッ

クス（Gilbert & Miles, 2002）、離婚やリストラなど社会的地位や立場を失うことによって起こる恥、などもある（岩壁, 2010）。秘密をもつことも恥を喚起する。恥が直接の問題ではなくとも心理的問題をもっていることが恥を二次的な問題として喚起することは非常に多い。恥の問題はセラピスト（以下 Th）自身も無関係ではない。「ダメな」「できない」臨床家などというレッテルを貼られることを恐れない初心者 Th はいない（岩壁, 2007；Theriault et al., 2009）。そのため、あることをスーパーヴァイザーに話さなかったり、思い切って行動を起こせずにいる（Hahn, 2001）。

　日本では「恥」という言葉に関して独特の理解がある。「恥を知れ」「恥も外聞もなく」というような表現が使われるときのように、肯定的な社会的意識としての側面が強調され、「恥じらい」が女性の魅力の一部として捉えられている。また英語の shame が意味するものが日本人の「恥」または「羞恥心」の体験とそのまま合致しないという意見もある。日本は恥の文化だと文化人類学者のベネディクトが称したように恥は社会文化的な感情であり、重要な社会的機能を果たしていることも確かである。しかし、どんなに文化的な意味合いが恥にあっても、人に見せたくない自分の一部が曝されることで一瞬にして顔が赤らみ、心臓が高鳴り、顔を覆い隠したくなるような生理的反応を伴う感情反応であることは明確であり、この反応は、失敗や自分の無様な姿を見せることなど異なる恥ずかしい場面に共通している。この一連の感情は文化を持ち込むことなく「恥」として扱うことができるはずである。切腹はプライドを守り、恥と屈辱から自らと身内を守ることと関係しており、恥と屈辱が耐えがたい苦痛であることは日本でも間違いない。むしろ、日本人の多くは、恥に関してとても敏感であり、その傷つきも強いような印象を筆者はもっている。

　筆者は、これらの恥の問題を効果的に扱うための治療的指針を明らかにしていくことが臨床的に有効であると考えた。また、そこから進んでさらに、理論的に仮定されたとおりに Cl に変容が起こるのかどうかということを実証的に調べることが重要であると考えた。そのための方法として課題分析を選んだ。そこで、恥への介入による Cl の感情的変容の研究において課題分析がどのように使われたのか解説していく。まず、恥への介入モデルを以下に簡潔に説明する。

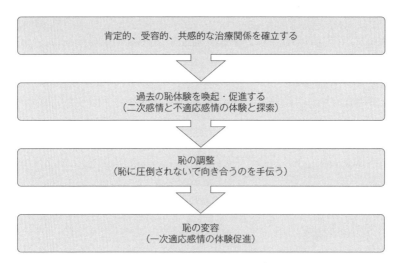

図4-1 恥の介入のステップ

## 2-2 恥への介入モデルと恥の変容プロセス

　筆者が自著において示してきた恥の問題への介入の要点を図4-1に、それに伴うClの変容を図4-2に表した（Greenberg & Iwakabe, 2011；岩壁, 2010）。まず恥は自己の傷つき（Kaufman, 1996；Lewis, 1971）であり、この傷つきを扱うためには、肯定的で受容的な治療関係が必要である。自分の失敗や失態、自分の欠陥や弱い部分を見せることはそれ自体が脅威となり得る。そのため、恥を心理療法において扱うには、Clがそのような受け入れがたい自分を見せても良いと思えるほどのあたたかさや思いやりがある肯定的な治療関係が確立されなければならない。2番目の段階は、恥に接近し、恥を受け入れることを促進する段階である。Clは過去の失敗と関わる恥を回避するための様々な防衛を使って恥を遠ざけていることが多い。その話題にふれないように他の話題に移ろうとしたり、周囲の人に怒りや苛立ちを向けて恥を跳ね返すかもしれない。そこで、過去の感情的傷つきを解決するためには一度そこに立ち返り、その感情に気づき、その体験を許す必要がある。Thは、Clが恥の苦痛に接近し、それを受け入れるのを促進する。

　3番目に恥の調整である。恥に接近してそれを体験するとき、当然その苦痛に圧倒されそうになって、感情を遮断してしまうこともある。Thは、Clがその苦痛に耐え、十分に体験するのを手伝う。苦痛が強く体に力が入っているとき、深呼吸をしてリラックスするのを手伝ったり、Clが恥に直面し

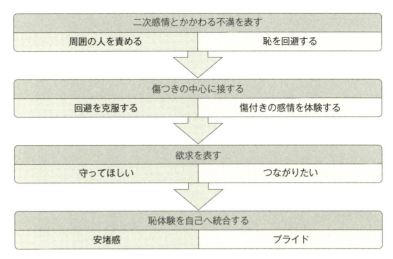

図4-2 恥の解決のステップ ── 初期モデル

てまさにそれと向き合っている瞬間だと伝える。最後の段階は、恥の変容である。恥という強い感情を変容するには、それと同じくらい強い他の感情を喚起することによって、恥の毒を中和させることが必要となる。たとえば、自分のことをいつも優しくあたたかく見守ってくれていた人のことを想像して自分に対して話しかけ、恥をあたたかさや思いやりという感情によって中和させる。または自分に対してひどい扱いをしてきた親に対して怒りを表し、それまで自分に向けられていた嫌悪を外側へと向けて表すことによって恥を変容させる。また、過去の成功体験や肯定的なリソースや対人関係を思い出し、プライドや自信などによって恥を変容する。このように、もともとあった恥と拮抗する感情を喚起することによって恥を変容するのである。最終的にはより肯定的な自己感を作るのがこのような恥に対する一連の介入の流れとそれが伴うClの変容プロセスである。

筆者はこのような恥の介入モデルを作成し、その詳細を具体例も含めて介入マニュアルとしてまとめた。次の作業は、このような介入モデルに沿ってどのような変化が起こるのかということを実証的に検討することであり、そのデータに基づいてプロセスモデルを発展させることである。その方法が次に解説する課題分析である。

## 3 課題分析

### 3-1 課題分析の起源

　課題分析はライスとグリーンバーグによって心理療法プロセス研究へと導入された研究法である（Greenberg, 2007；Rice & Greenberg, 1984）。課題分析は、人がどのようにしてある問題を解決するのか、という手続きに含まれる一つひとつの作業ステップを明らかにする方法として、工学をはじめとして看護学など様々な分野において用いられてきた（Kirwan & Ainsworth, 1992）。グリーンバーグは、ピアジェのもとで課題分析の手法を用い、子どもの認知プロセスを検討していたパスカルーリオン（Pascual-Leone, 1984）の研究にヒントを得た。パスカルーリオンは、子どもが算数の問題などを解決し最終的な答えに達するまでに、いくつかのステップまたは段階をクリアすることが必要であるが、その段階ごとの認知作業を記述することによって、正しい答えを導く認知プロセスの全体像を明らかにできると着想した。これに倣い、グリーンバーグは、心理療法においてClは認知・感情と関わる問題の解決に取り組んでいると捉え、Clが最終的な問題解決に至るまでに通過しなければいけない治療作業の諸段階を明らかにすることによって治療的変容を捉えることができると考えた（Greenberg, 2007）。

### 3-2 研究と実践の統合的方法としての課題分析

　グリーンバーグは、実証的にその効果とプロセスが示された課題は、**介入モジュール**として様々な心理療法アプローチに取り入れて使うことができると考えた。「介入モジュール」とは、反射や解釈といった単発の反応ではなく、介入前と後の変化というようなマクロの変化または効果でもなく、Clとの誤解を解決する、Clの感情表出を促進する、などといった面接中にClをどのように導くのかということと関わる**プロセス目標**を達成するための中間的な介入のレベルである（Greenberg, 1986）。介入モジュールは、特定の介入を他の心理療法アプローチへと組み入れることができるという心理療法統合の考え方に基づいている。つまり、課題分析は、単にプロセス研究の方法であるだけでなく、研究が臨床実践や理論にどのように取り入れられるのかということも視野に入れた研究ー実践の統合的方法である。臨床アプロー

チに関しても、理論を全体として捉えるのではなく、介入モジュールという新たな単位を設定し、理論アプローチ・学派を超えて実証研究が役立つ道筋を見出している。

## 3-3 課題分析の発展

　グリーンバーグは初めに課題分析をゲシュタルト療法における椅子の対話によって起こる変容プロセスをより具体的に記述するために使った（Greenberg, 1979）。というのも、彼は、クライエント中心療法にゲシュタルト療法の積極的介入を取り入れることによって、感情体験の促進というクライエント中心療法の治療的目標がより効果的に達成されると考えたからである。それに加えて、ゲシュタルト療法の様々な技法は、クライエント中心療法の共感と受容を基礎とした治療関係の中で行われることによって最も効果的になるとも臨床的に感じていた（Greenberg, 2001）。このような相乗効果を狙って、まずゲシュタルト療法の椅子の技法の効果とそのステップを検討し、治療課題としての効果を示したあと、クライエント中心療法へと組み込もうと考えたのである。最終的にこのような椅子の技法などの積極技法を取り入れた**エモーション・フォーカスト・セラピー**は、うつに対してクライエント中心療法よりも効果的であることを示した（Greenberg & Goldman, 2006 ; Greenberg & Watson, 2005）。

　現在までに課題分析は、様々なアプローチの心理療法のプロセスの研究に応用されてきた。その例には、精神力動療法における解釈とそれに続くClの洞察プロセス（Joyce, Duncan & Piper, 1995）、作業同盟の亀裂とその修復プロセス（Aspland et al., 2008 ; Bennett et al., 2006 ; Safran & Muran, 2000）、Clが感情体験から新たな意味を引き出す意味の創造の出来事（Clarke, 1991, 1996）、感情的苦痛（emotional distress）の解決（Pascual-Leone & Greenberg, 2007）、家族療法と夫婦療法（Diamond & Liddle, 1999 ; Heatherington et al., 2005）などがある。このうち、サフランらによる**作業同盟修復の課題**は、治療関係の問題が生じたときに使う介入モジュールとして様々な心理療法に取り入れられている。たとえば、キャストンゲイらは、作業同盟の亀裂を修復するサフランの課題を認知行動療法に取り入れたところ、ドロップアウトが減り、治療効果が高まったと報告している（Castonguay et al., 2004）。また、サムスタッグらは、作業同盟の形成が困難なClに対して上記の研究に基づいた対人パターンに焦点を当てた介入を行うことでド

ロップアウトを予防する介入法を開発し、その効果を実証的に示してきた (Samstag et al., 1998)。このように、課題分析を用いた実証研究が発展しただけでなく、そこから得られた知見が臨床活動へと取り入れられ、実証研究と臨床実践の統合の方法としての有用性も十分に示されてきた。

## 4 課題分析を活用した臨床研究の実践例

### 4-1 課題の設定

　課題分析では、課題を設定するところから始まる。課題は、Clが面接中にある特定の感情・認知の問題を見せるところから始まり、その問題が解決するところまでを含む。たとえば、課題分析において検証されてきた課題にエモーション・フォーカスト・セラピーの未完了の体験がある (Greenberg & Foerester, 1996)。未完了の体験では、重要な他者（多くは養育者）とのあいだの葛藤が未解決であるため、未だに嫌な感情に悩まされるClがそのような感情を実際に表しているところから課題が始まり、その感情が十分に表され、安堵感や肯定感をもてるのが解決の状態、つまり課題の完了を示す (Greenberg et al., 1993)。

　本研究での恥の課題の指標は、Clが、過去の失敗や挫折について話しはじめ、その失敗と関わる不快な感情が喚起されることを示す観察可能な兆候であり、以下の四つを選んだ。

1. 過去のある出来事に関して未解決のままの傷つき・恥・後悔などの感情が見られる。
2. その気持ちは、面接中にある程度体験されている（介入を受ける準備度を示す指標でもある）。
3. その気持ちは、表現が途中で遮られているか、抑えられており、まだ解決していないことを示す指標がある。
4. その出来事はClにとってある程度重要なことである。

　実際の場面での発話を示すと以下のようになる。Clは女子大学院生で、参加した研究会での失敗について話し始めた場面の逐語である。

> Cl：研究会で発表がありまして、(Th：「はい」)、ちょっと担当する事になったんで、それを発表したんですけれども (Th：「うん」)、その発表が、まあ、結構失敗に（ため息交じりに微笑む）終わっちゃったというか (Th：「うん」)……（顔を赤らめ、視線を床に落としたまま）それで、あぁ恥かいたなぁっていうのが、こないだありまして。
> Th：うんうん。じゃ結構フレッシュな体験なんですね。
> Cl：あぁ（苦笑する）。そうですね、2ヵ月前ぐらい？ (Th：「うん」)、ですね。
> Th：うんうん。詳しく教えていただけますか。その時のことで。
> Cl：（ためらいがちに）「うーん、はい」

　この場面でClは、研究会で恥をかいたと話し、視線を避けたりするところからそのときに恥ずかしいという感情が喚起されていることがわかる。ここではそれほど語られていないが、発表することには準備も必要であるし、自分を見せることになるのでそれ自体大切なことであったと想像できる。

　次に**解決の指標**である。恥の感情が解決すれば安堵感、そして自己肯定感が起こるだろう。恥という不快な感情が解決すれば、感情的に楽になり、「ほっとした」「すっきりした」「あきらめがついた」というような感情状態に到達できる。それがより進めば「恥ずかしい自分」「ダメな自分」ではなく、自分の強みや肯定的な側面に気づき、それを実感できる。また、失敗した自分に対して思いやりやあたたかさのような肯定的な感情を向けることができる。以下に解決の指標の例と実際の発話例を挙げる。

1．感情的な安堵感、完結、けりがついた感覚を言葉で表す。
2．感情的な安堵感、完結、けりがついた感覚は、表情やノンバーバル行動から読み取れる。
3．恥を喚起した出来事をこれまでとは異なった視点から振り返る。
4．自己に対して肯定的な発言をする。

> Cl：これまで悩んできたけどなんだか、肩の荷が軽くなった感じです。
> Cl：もうこれでいいかってすっきりした気持ちです。
> Cl：（達成感に満ちた様子で）自分もよくがんばったんだって思います。

Cl：誰だって失敗はあるし、同じ苦しみを経験するんだなって。
Cl：自分にもいいところがあるって確認できた感じがします。

## 4-2 初期（論理）モデルを作成する

　次のステップでは、研究者が、理論文献や臨床経験をもとにモデルの下案を作る。これは、データと照らし合わせて修正したり、肉づけしたりするための骨組みであり、たたき台という表現が最もぴったりくるだろう。前掲した図4-2のパス図のようにいくつかの要素をつなげてその進行を示す。このモデルをより細かく綿密なものにすることもできるだろう。しかし、あまり細かすぎてもデータを見直すのが難しくなってしまう。そこで、必要最小限のエッセンスを表すとよい。

## 4-3 サンプルの選び方

　課題分析において非常に特徴的なのは、初めのサンプル選びである。まず、課題を作るのに最も適した面接場面を三つ選び出す。これは、**純金サンプリング**（pure gold sampling）と呼ばれる（Greenberg, 2007）。純金サンプリングとは、研究者が見たい現象が最もはっきりと表れ、それ以外の混ざり物（つまりこの例では恥の問題の解決とは直接的に関係がないやりとり）ができるだけ少ない理想的な展開を見せた面接場面である。もし、「純粋」で「理想的」な課題であればその最も本質的な要素が抜き出しやすい。ここではモデルの代表性を検証する段階には至っていないため、無作為抽出のようにサンプルの一般性は重要ではない。グリーンバーグ（2007）は、まず三つの成功例の共通性を抜き出したあと、三つの失敗例もしくは部分的な成功を収めた例との比較を行い、成否を分ける要素を検討するようにすすめている。

　サンプルとなる面接場面は、逐語だけでなく、**録音テープ**、または**録画テープ**があるほうがよい。Clのノンバーバルの行動（ジェスチャー、表情など）や非言語的手がかり（声の大きさ、抑揚）は、Clの感情的状態を伝える大切な情報源であり、これらが多ければ多いほど、ClとThのやりとりの意味を理解するための完全なデータとなる。Thによる出来事の記述と記憶に基づいて再現した逐語だけでは実際に何が起こったのかわからないために、課題分析のモデルを発展させていくには十分ではない。ただし、これらは様々な仮説を作り出すために役立つ情報である。

サンプルとなる面接場面は、日常の臨床実践から集めることもできるし、試行カウンセリングなど場面を設定したアナログ研究の環境でも集めることができる。試行カウンセリングにおいては、介入マニュアルに基づいて一定の状況の中で介入できる利点があるが、面接回数は少ないため、扱える臨床的問題の幅に限りがある。もう一方で実際の臨床現場からデータを集める場合、ある程度頻繁に起こる課題でなければ、面接場面を集めるまでに時間がかかってしまう。また、複数の臨床家がある程度均質的な介入をしていればよいが、そうでない場合、それらを比較して共通要素を抜き出すのは難しい。そのため、実践の仕方を工夫して複数の臨床家が同様の介入法を試すなどして純金サンプルを作り出す協力体制も必要である。

　本研究では過去の恥体験をもつ人たちに対して、全3回の面接からなる試行カウンセリングを実施することによってデータを集めた。そのような設定をした理由は、まず介入マニュアルに基づいてある程度均質的なやり方で介入が行われるほうが、良質なデータが早く集まると想定したからである。また、試行カウンセリングであれば、面接前後に質問紙を実施したり、面接終了後にClおよびThに対してインタビューを行うことによって面接に関する彼らの主観的体験についての情報が集められるからである。研究の早い段階では異なる視点からデータを見直すことが役立つ。しかし、これらは本章に紹介する課題分析のみに関わることではなく、研究プロジェクト全体を見渡した上での決断であった。

## 4-4　課題モデルの構成要素の同定

　データ分析は、課題および面接にじっくりとふれることから始まる。面接を初めから最後まで通して視聴し、課題の文脈をしっかりと捉えたり、重要なやりとりを何度も繰り返し見直して固定する。たとえ一瞬のやりとりであったとしてもそこに見られる特徴を細かに書き出すなどしてその場面を熟知する。この段階の目的は、データに没入することであり、論理モデルを作成するもとになった自身の仮説や知識を括弧に入れて、データに集中しようとする現象学的なアプローチをとる。

　次に一つの課題を取り上げてその課題を成立させるのに必要な構成要素を同定する。このとき、研究者・分析者は、「この課題において、必要不可欠な行為・行動・感情は何か」「ThとClのやりとりはどのように結びついているのか」ということを自問して分析にあたる。分析作業は大きく分けて二

つに分けられる。一つは、発話に見られる治療的行為または意味を、テーマまたは概念・カテゴリーとして抜き出すことである。これは、一般的な質的研究において行うコード化・カテゴリー化の作業と似ている。もう一つは、重要ではない要素を選り分けて分析対象から除外し、同じ行為が行われている箇所をひとまとめにすることである。時にThやClの行為はいくつもの発話にまたがっているが、その治療的な意味は変わっていない。その場合、それらを一つの「かたまり」として扱えるように「分析単位」としてまとめていく。

　カテゴリーの抽出は質的研究と異なる重要な点がある。グラウンデッド・セオリー・アプローチをはじめとした質的研究ではカテゴリーを作るとき、根底にあるテーマ、主題、意味に注目する。課題分析においても、一つのステップを抽出・同定する場合、非常に似たやり方でカテゴリー名をつける。しかし、そのステップの構成要素については、できる限り観察可能な**プロセス指標**を挙げることが重要である。つまり、個々のステップに達したことを示す行動言語、または感情表現の特徴を明確にすることによってThが面接中に確認できる指標からなるモデルにしていくのである。

　次に、解決に至らなかった3例を選び出し、それらとの比較を行い、課題に必須のステップであることを確認する。このような作業は、分析者一人が行うことが多いが、第8章のように複数の分析者が取りかかり、分析結果の信憑性を高めることもできる。一人で分析を行う場合、その結果がデータから離れていないか第三者である監査者に確認してもらうことがよいであろう。監査者は、このような現象に関して臨床経験をもつ人物であることが望ましい。

## 4-5　モデルの流れ

　恥の解決モデルを、図4-3に表した。この過去の失敗などから起こる恥の課題解決モデルを実際の逐語データを提示しながら解説していく。課題の始まりを示すプロセス指標（恥指標）は先ほど述べたとおり、Clが過去の失敗について話し始めることであり、その失敗がまだ本人の中で解決していない不快な出来事であることを示す発言と行為がその特徴である。次のステップは、「安全と肯定感」を感じる段階（安全と肯定）である。Clは自分の問題について話すが、Thの反応に対して笑顔を見せたり、落ち着いて、よりリラックスした様子が見られ始めるのが特徴であった。Thの肯定や共感に対

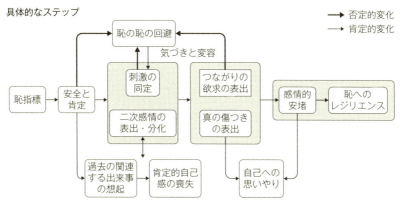

図4-3　恥の作業の課題モデル

して「わかってもらえている」「話しても大丈夫だ」というような肯定的な反応を見せた。逆にうまくいかない3例ではClは緊張した様子で、顔や身体の一部をさわったりすることが多く、リラックスできない状態でいた。

　次のステップは、二つの作業を含み、その二つを行ったり来たりした。一つは、恥を喚起した刺激を選り分けていくことである（刺激の同定）。たとえば、プレゼンで失敗したClの場合、それが質問に答えられずフリーズしてしまった自分のできなさなのか、それとも自分のことを嘲るような目で見る勉強会のメンバーの表情なのか、それとも自分の声が震えてびくびくしている姿をさらしてしまったことなのか、など、本人にとって最も際立った外的な刺激を同定しようと探索した。

　もう一方で、その出来事と関わる不快な感情を表し分化していくことがみられた（二次感情の表出・分化）。その感情表出の特徴は、周囲の人を責めるような口調や調子であったり、フラストレーション、怒り、自分を責めて「バカだった」「能力がなさすぎる」などなじるような口調であった。ここでのClの感情は、エモーション・フォーカスト・セラピーが理論化する「二次感情」の特徴が強かった。二次感情とは状況に対して瞬時にして起こるその人らしい感情反応ではなく、むしろそのような反応や思考などに対して二次的に起こる感情であり、苛立ち、罪悪感、ふがいなさ、落胆、怒り、無力感、などが含まれる。このステップでは、このような様々な感情が表出され、その出来事が語られた。これらの感情はいわば不完全燃焼な部分があり、何か煮え切らないような、または表してもすっきりしない感じがある。

以下の場面では、その場面を追体験できるように視覚的に想像してもらっている。なお、協力者のプライバシーを守るために基本的なテーマは維持しながらマスキングを行っている。また、読みやすいようにいくらか編集している。

> Th：なかなか難しいかもしれないけど、でもその失敗した後の、失敗したというかあの事件があった後の、自分の姿を想像してもらえます？　発表が終わった後に友達に一言かけようとしているけれども、なかなか声も出ないような自分でもいいですし（Cl：「あー」）、そのあと一人で家に帰ってきてぐったりとしている自分……どんな自分を想像しますか。
> Cl：うーん今、想像したのは、（Th：「うん見てもらえます、実際に」）（3秒沈黙）その発表が終わった直後、（Th：「うん」）その勉強会が終わって、みんなであーお疲れさまでしたって言い終わった後の自分ですね（苦笑いをして視線を床に落とす）。
> Th：うん。どんな風な、感じですか、その自分って？
> Cl：なんか（2秒沈黙表情が固くなる）め、めっちゃ落ち込んでるんですけど（話すのが速くなる）、（Th：「うんうん」）落ち込んでるのも周りに悟られないようにー（ゆっくりになる）、（Th：「うん」）「あー、いゃ疲れたなー」みたいな、（Th：「うんうんうんうん」）ちょっとなんか、照れ笑いっていうか、苦笑いっていうか（少し微笑しながら）、（Th：「うん」）そんなの浮かべながら（息を吸う）（Th：「うーん」）なんか資料を片付けてるところです。
> Th：じゃ大したことじゃなかった、動揺してないぞっていうような感じで見て、笑顔、作り笑顔が見えるんですね。
> Cl：そーうですねー。それです。それ。

　ここで、セラピストとクライエントは、落ち込むという感情反応とその反応とつながっている「照れ笑い」が重要な刺激であると同定している。クライエントの表情が固くなり、話すスピードが変わるなど不快な感情が喚起されていることが伝わってくる。未解決群の課題例では過去の失敗について話し始めてもこの感情があまりはっきりと喚起されていなかったか、またはこの感情が起こっても次のステップの異なる感情が喚起されていなかった。

　次のステップも二つの作業からなる。一つは、他者とのつながりへの欲求

を表すこと（つながりの欲求の表出）であり、もう一つは、真の傷つきを表すこと（真の傷つきの表出）である。このステップは恥の問題の解決の要所である。つながりの欲求を表すとはまさに恥によって作られた周囲との距離を縮めたい、相手と近づきたいという気持ちの表現である。もう一つは、傷つきの底にふれることである。このステップではClが失敗の最も深い痛みまたは傷つきにふれてそれを言葉にする。プレゼンに失敗した女性は、「失敗したのを頭をかきながら『へへ、やっちゃった』って感じでごまかしていたけど本当は声を出して泣きたかった。泣きじゃくるほど泣きたかった」とその傷つきの大きさを表現した。このとき、笑顔を作って恥ずかしさを隠すことはなく、表情には苦痛がはっきりと見て取れた。友人に裏切られたと感じた男性Clは、「もう一度前のように気持ちに隔てなく自由に何でも言える距離になりたい」と語った。この男性Clは、「本当に辛かった。ものすごい恥ずかしかったし、嫌だった。誰にも言えなかったし」と自分の弱さを包み隠さず、そして薄めることも、それを誇張することもなく、感じるそのままに表していた。

この傷つきと欲求を表すとClには、解決指標である安堵感が起こった（感情的安堵）。そしてその嫌な失敗の出来事がある程度「完了」した感覚が起こった（恥へのレジリエンス）。また、3人中2名のClは、この失敗が起こる前にもっていた肯定的な自己像を回復した。たとえば、女性のClは、一生懸命に勉強していた自分を評価できるように感じた。また、男性Clは、「自分はそれまでグループのまとめ役だったし、隠れることなんてなかった。それが本当の自分」だと語った。またそのような肯定的な自己像に基づいて自分が進むべき道などについても語られた。

この中心的な流れに並行して、予備ステップが見られた。図の上の部分にあるのは、「恥の恥を回避する」というステップ（恥の恥の回避）であり、課題のどの段階であってもClがその体験と関わる不快な感情を避けてしまうことがあったことを示している。女性Clは、そのことに自身で気づきながら、「やっぱり話すかどうか迷うなあ」と何度か戸惑いを言葉にして、時にトピックを変えることがあった。たとえば、

> Cl：（5秒おいて）そうですねなんかむっちゃ話したい気持ちもすごくあるんです。だけど……（言いかける）
> Th：それは、もう、感じます（Cl：「うふふ」思わず笑う）。とてもそれに

> ついて話したいし、（Cl：「そうなんですよ。」）でももう一方で、私はそれをやりたくなかったし（Cl：「うーん」）、その自分を見せたらどうなっちゃうんだろうと。
> Cl：やっぱ結局、怖いっていうか。

と恥の体験の全容を話すことをためらった。

　下方にあるステップは、最近あった失敗について話し始めたとき、過去にも同様の出来事があり、むしろこの過去の出来事が中心に語られる流れである（過去の関連する出来事の想起）。これらの流れは、3回の面接にわたって展開される場合もあれば、1回の面接に初めから最後まで見られる場合もあった。ある女性 Cl は、小学校で自分が引っ込み思案でとても恥ずかしがり屋だったことを振り返り、今回の出来事との共通性を見出していた。

　この課題分析によって、グリーンバーグが感情の問題を解決する際の鉄則と考える"You have to feel it to heal it"（その感情の傷を治すためにはまずその痛みを感じなければならない）（Greenberg, 2002）が支持された。それも単にそれまで Cl が感じてきた不全感や苛立ちといった感情ではなく、真の傷つきとつながりの欲求を表すことが鍵となっていた。また恥を扱う上で、恥の恥を扱うことの重要性が示された。Cl は、恥の感情について扱うことに少なからずためらいや気恥ずかしさを覚え、トピックを替えたり、苦笑したりすることが多かった。このように、恥の問題を扱う課題では、Cl の感情表現の質の違いが変容の段階を同定するのに重要な役割をもっていた。これは、Th が面接終了後につけるプロセスノートだけではつかむことができないだろう。録音と録画された記録によって初めて捉えられる面接の側面である。

　本研究で課題分析を使うことの中心的な意義は、まず、恥ずかしさをどのように扱うのかということに対して、観察可能で具体的な指標を同定することができたことである。異なる感情を処理していくことの必要性、また欲求、真の傷つきなど感情の表し方の異なった質感を捉えてモデル化できたことも重要である。一般的な質的研究では、体験の意味、または主題・テーマを明らかにして、それらが含まれる引用を提示する。もう一方で、課題分析は、一つのステップと関わる観察可能な指標を示すことによって面接場面において Cl の行動とそれと関わる内的な感情と認知のプロセスの両方を示すことになる。臨床的には、つながりの欲求を表すことの重要性が示されたこ

とが興味深い。恥は、所属感や他者とのつながりが危機に冒されるときに起こる対人的感情である。そのため、他者とのつながりを維持したい、修復したいという欲求は恥が起こったあとの適応的な行動傾向といえるだろう。

## 5　今後の課題と発展

　課題分析は、統合的な研究プログラムであり、基本的な課題を同定することは研究の一段階に過ぎない。グリーンバーグ（2007）は、課題分析の最終的な目的は、このように一つずつ実証的に作っていった課題から構成される介入アプローチの効果を示すことにあると考えた。彼が開発したエモーション・フォーカスト・セラピーは、六つの中心的課題が実証的に検討されており、うつ、社会不安、複雑性トラウマ等に対する効果研究のエビデンスが集まっている（Greenberg & Watson, 2005）。上に挙げたような初期の課題分析研究が始められてから約20年経って、ようやくこの段階まで到達している。個々の臨床家が課題分析に基づいた研究に携わり、同じ段階にまで至るには同様の月日がかかるであろうし、そのあいだに複数の共同研究者の協力を得ることも必要になってくるだろう。

　本研究の次の段階は、実際の臨床ケースにおいてこの介入の効果を検討することである。現在すでに進行中であるが、恥の問題を抱えた Cl に対する心理療法において、課題モデルが Cl の恥の変容プロセスを理解するのに役立つのか、またどのような点を修正する必要があるのか検討している。そのために、恥の問題が中心的である Cl の複数のケースを対象とした**系統的事例研究**（systematic case studies：Mcleod, 2010）の方法を使っている。系統的事例研究は、Th が担当ケースについてつけた記録をもとにまとめた事例研究とは異なり、データ収集と分析の手法を明確にした事例研究である（岩壁, 2013）。この方法を用いることによって、恥の問題がより長期的にどのように扱われるのか、ということが検討できる。また、試行カウンセリングでは一度の出来事をきっかけとする恥体験を主に扱ったが、実際の臨床ケースでは、中核的恥をはじめ、異なる恥のバリエーションを扱っている。したがって、モデルの汎用性が検討できるだろう。

　また、質的分析のみに頼るのではなく、モデルの各ステップの特徴を様々なプロセス尺度を用いて包括的に記述するよう試みている。たとえば、感情

体験の強さや感情の種類を分類する尺度を使って、感情がどの程度強く喚起されることが必要なのか、また恥を扱う上でどのような感情が喚起されるのか、またそれが段階によってどのように異なるのか、などといったことを検討している。これらの研究によって、恥のプロセスモデルが臨床的に有用であることを示していくことが課題である。

　課題分析は、Clの変容がどのように起こるのかという効果的な面接プロセスに関する臨床家の仮説を系統的に検討することを可能にする方法である。実際の面接のデータを必要とする点に関して困難を感じる臨床家もいるだろう。しかし、録音・録画データを分析することに必要な厳密さと客観性、そしてそこから得られる発見は非常に大きい。

## 第5章
# 合議のプロセスを用いた質的研究
―― 質的研究と心理臨床における専門家間の対話を活かした方法

藤岡　勲

## 1　はじめに

　臨床家が質的研究を一人で行う際に難しさを感じることは少なくないであろう。たとえば、研究の仕方や分析結果が妥当なものなのかわからなくなり、誰かと相談したいと思うこともあるだろう。あるいは、誰かと一緒に研究ができたら、心の支えになったり、大変な作業の軽減につながるのではと思うこともあるだろう。本章は、このような思いをしたことがある人々にとって有益となるであろう、専門家間の対話を活かした方法について解説する。

　上に挙げたような思いをする人々が増えているであろう背景として、質的研究と心理臨床の距離が近づいていることが考えられる。両者の距離が近づいている要因として、①質的研究が心理臨床に視野を広げていること、②心理臨床が事例研究以外の質的研究法に視野を広げていること、③心理臨床と質的研究の技能に共通する側面があることが挙げられている（能智，2011）。

　質的研究と心理臨床が有機的に融合しながら発展している領域として、プロセス研究がある。プロセス研究とは、「心理療法とカウンセリングのプロセス（過程）において起こるクライエントとセラピストのやりとりの研究」（岩壁，2008 p.3）である。

　クライエント（以下 Cl）とセラピスト（以下 Th）のやりとりを捉えるにあたっては、日本ではこれまで、事例研究が中心的な役割を担ってきたといえる。ただ、事例研究は、教育的価値は大きいものの、科学的なエビデンスとしての価値に関しては、データ収集や分析の仕方の体系化が不十分な面があることから、限界があるとも考えられている（岩壁，2013）。

日本の状況に対して、欧米では体系化された既存の研究法が用いられている。たとえば、マクレオッド（Mcleod, 2011）は、本書の第3章で紹介されているグラウンデッド・セオリー・アプローチをはじめ、現象学的アプローチ、エスノグラフィック・アプローチ、会話分析、ディスコース分析、ナラティヴ分析という質的研究において重要な役割を担っている既存の方法について研究例を交えながら解説している。

　既存の分析法を用いたもの以外にも、プロセス研究の領域で独自に考え出された方法もある。たとえば、録画した面接場面を見ることを通して、面接に関わった者（たとえば、ClやTh）がどのような体験をしていたかを聴き取る対人プロセス想起法（interpersonal process recall：Kagan et al., 1963）や、第4章で紹介されている課題分析（task analysis：Greenberg, 2007；Pascual-Leone et al., 2009）などがある。

　プロセス研究の領域で独自に考えられた方法の一つに**合議制質的研究法**（consensual qualitative research）がある。本章では、合議制質的研究法における合議のプロセスを質的研究に用いることが、研究と実践の双方にとって有益であることを藤岡（2013）を発展させながら示す。具体的には、まず合議制質的研究法について紹介する。そして、合議制質的研究法における合議のプロセスをいかに質的研究に組み込めるかを、研究例を通して説明する。その上で、**合議のプロセスを用いた質的研究**の特徴を論じる。

## 2　合議制質的研究法と合議のプロセス

　合議制質的研究法は、プロセス研究において重要な役割を担っているヒルら（Hill, 2012b；Hill et al., 1997, 2005）によって構築された分析法である。合議制質的研究法とは、複数の研究者が対話をしながら行う質的研究だが、そこにはいくつかの特徴がある。

　まず、合議制質的研究法は、実証的な側面を大切にしつつも多面的現実を尊重する形で、依拠する哲学的背景のバランスが良いという特徴がある。分析法を理解する上では、その方法が依拠する哲学的背景が重要となる（Creswell, 2013）。ポンテロット（Ponterotto, 2005）によるカウンセリング領域で用いられている研究法の哲学的背景の整理によると、パラダイムとしては、仮説演繹的な立場から現実を捉える**実証主義**（positivism）、現実は客

観的に把握可能な部分もあるが不完全な形でしか把握できないと考える**ポスト実証主義**（postpositivism）、異なる観点から複数の現実を想定する**構築主義**（constructivism）、そして、現状に挑戦する**批判理論**（critical theory）がある。さらに、科学哲学的評価基準としては、①現実のあり方についての**存在論**（ontology）、②研究者と研究対象との関係に着目する**認識論**（epistemology）、③科学的プロセスにおける研究者の価値である**価値論**（axiology）、④研究の示し方である**レトリック構造**（rhetorical structure）、⑤研究のプロセスと手順を指す**方法**（methods）があると議論されている。このような中、合議制質的研究法は、存在論に関しては構築主義的であり、認識論に関しては構築主義にポスト実証主義の要素を付加しており、価値論においては構築主義とポスト実証主義の間のスタンスをとっており、レトリック構造に関してはポスト実証主義的であり、方法面では構築主義に立っている（Hill, et al., 2005）。

　次に、合議制質的研究法には、手順のシンプルさと、応用可能範囲の広さという特徴がある。合議制質的研究法の分析手順の概要は図5-1のようになっている。つまり、まずはオープンエンド的にデータを集める。次に、**領域**（domains）という広い範囲でデータを分類する。さらに、**コア・アイデア**（core ideas）という要点を生成する。そして最後に、研究対象者間でみられるテーマやパターンをみる**クロス分析**（cross-analysis）を行う。このように、手順がシンプルで、様々なリサーチ・クエスチョンにも応えることが可能なことも、合議制質的研究法の特徴といえる。

　これらの特徴以外に、最も特徴的かつ他の質的研究法と大きく異なる点ともいえるのが、上記の手順を通して展開される共同研究者間の合議である。

**図5-1　合議制質的研究法における分析の概要**（Hill, 2012b；Hill, et al, 1997, 2005をもとに著者が作成した、藤岡, 2013 p.357の図を転載）

ここでの合議とは、**強制的でない一致した決定**（an unforced unanimous decision：Schielke, et al., 2009）を目指して行う対話を意味する。

合議を行う工夫として、合議制質的研究法は、共同研究者を**主要メンバー**（primary team）と**監査**（auditors）に分ける（Hill, 2012b；Hill, et al., 1997, 2005）。主要メンバーは、共同研究者の中でもデータの収集と分析を中心的に行う。他方、監査は、主要メンバーが合議を通して導き出した知見の確認を行う。

共同研究者を主要メンバーと監査に分け、図5-2のように、①主要メンバーが〈個々人での作業〉を行う一方で、②主要メンバー同士が〈主要メンバーでの合議〉を行い、③主要メンバーと監査が行う〈監査との合議〉を重ねるのが、**合議のプロセス**である（藤岡, 2013）。

合議制質的研究法は、①依拠する哲学的背景のバランスの良さ、②手順のシンプルさと汎用性の高さ、そして、③合議のプロセスという独自性[注1]から、幅広い分野で用いられ、質の高い研究が数多く発表されている。たとえば、合議制質的研究法を主たる分析法として用いた研究についてのレビューによると、1994年から2010年1月までの間に少なくとも、心理療法に関わるものが34本、多文化主義や移民に関わるものが14本、キャリア発達に関わるものが14本、トラウマに関わるものが7本、医学や健康に関わるものが6本、同性愛に関わるものが4本と、計99本もの論文が、査読つきの雑誌に掲載されている（Chui, et al., 2012）。

このように、合議制質的研究法は臨床心理学の分野を中心にしつつもそれ以外の領域でも用いられているが、図5-2にある合議のプロセスを質的研究に組み込むことは、以下で説明するように大きな可能性を持っている。

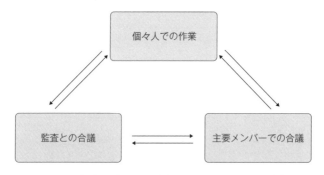

**図5-2　合議のプロセス**（藤岡, 2013 p.357から転載）

## 3 合議のプロセスを用いた質的研究の実践例

　藤岡（2013）でも示したように、合議のプロセスを用いた質的研究の好例として藤岡ら（2010）がある。ここでは、この研究を例としながら合議のプロセスの実際を示す。

### 3-1 研究の全体像

　藤岡ら（2010）は、ClのThに対する恋愛／性的感情表出プロセスを明らかにするために、デモンストレーションビデオの四つの面接場面をデータとして、第4章で紹介されている課題分析を援用しながら、分析を通して合議のプロセスを用いた研究である。この研究では、ClのThに対する恋愛／性的感情表出プロセスが、①Thへの想いを表す準備を行い、②恋愛／性的感情を表し、③さらに具体的な欲求も伝えるが、④Thから恋愛／性的関係を持てないと伝えられることで未練を表し、⑤次第にThへの想いを収め、特定の他者との関係を探索する、という5段階からなる「恋愛／性的感情表出モデル」が生成された。そこでは、各段階を見分ける指標を、言語的・非言語的具体例を挙げながら示した（たとえば、①表出の準備段階では、ThとClの関係の良好さを確認するという指標に対し、「本当に、何でも話していいとおっしゃったですよね」という言語的具体例と、Thの様子を目で確認するという非言語的具体例などを示した）。

　この研究は、プロセス研究を行う研究会でなされた。分析当時、この研究会には、臨床心理学を専門とする10名が参加していた。当時の内訳は、准教授が1名（男性）、研究員が1名（男性）、博士課程学生が2名（男性2名）、修士課程学生が6名（男性3名、女性3名）であった。

　上記の計10名が関わった分析においては、①そのうちの6名が、データとなったデモンストレーションビデオの四つの面接場面の中でも、最も明確にClの恋愛／性的感情表出プロセスを表していた典型的面接場面をもとに第1仮説モデルを作った。次に、②そのようにして作成された六つの第1仮説モデルの中で最も優れているものをメンバー全体で話し合い選択した。そして、③選択したモデルに対し、メンバー全体で上記の典型的な面接場面を見ながら指標と段階を確認し、第2仮説モデルを生成した。その上で、④第2

仮説モデルの段階と指標が、デモンストレーションビデオの他の面接場面でも見られるか検討した。

このように分析過程①で〈個々人での作業〉を行う形で六つの第1仮説モデルを作り、分析過程の②と③においてメンバー全員で合議を行った藤岡ら（2010）では、分析過程の③から④に移る際に、10名のメンバーのうち、藤岡ら（2010）の執筆者4名が主要メンバーとなり、残りの6名が監査となった。

### 3-2　合議のプロセスの流れ

表5-1のような属性（分析当時）を持つ主要メンバーによって、上記の分析過程④において、以下のように合議のプロセスを組み込んだ。

**表5-1　藤岡ら（2010）の主要メンバー4名の属性**（分析当時）

- 立場：博士課程（1名）・修士課程（3名）
- 性別：男性（3名），女性（1名）
- 年齢：20代（2名），30代（2名）
- 主な成育地：関東（2名），関西（2名）
- 海外生活歴：なし（1名），約1～2年（2名），約5年（1名）
- 結婚歴：なし（3名），あり（1名）
- 心理療法のアプローチ：認知行動療法（1名），折衷／統合（3名）

まず、主要メンバー4名が〈個々人での作業〉として、第2仮説モデルの段階や指標が、デモンストレーションビデオの典型例以外の面接場面でも見られるか確認した。そこでは、第2仮説モデルで抜けていた点があれば、第2仮説モデルの段階名と指標の言語的／非言語的具体例が載っている電子ファイルの表に対し、個々人が異なる色の文字を使いながら補足した。このように同時期に個々人が同じ作業を行うことで、合議の「下ごしらえ」となる暫定的な結果を、効率良く様々な視点に則りながら導くことができた。また、個々人が異なる色を用いながら補足するよう工夫したことで、個々人の視点の特徴を視覚化させ、他のメンバーとのコントラストをわかりやすくさせる形で、合議をしやすくさせる準備もできた。

このように〈個々人での作業〉を通して合議の「下ごしらえ」したものをもとに、〈主要メンバーでの合議〉を行い、第2仮説モデルがデモンストレーションビデオの典型例以外の面接場面でも見られるか検討した。この〈主要メンバーでの合議〉では、少人数の自由な雰囲気の中で、各自の視点

を他の主要メンバーと共有した。そこでは、たとえば男性／女性の視点に立った意見や、海外生活歴の有無に立った意見など、表5-1の主要メンバーの属性と関連した意見も共有された。これは、用いたデータが、海外の面接場面で、しかも、Cl役が女性と男性の両方であったことを考えると、有益だったと考えられる。また、関西出身のメンバーもいたこともあってか、モデルの暫定的な段階名の説明に関西弁を用いたりもした。そうすることで、段階のエッセンスの共通感覚を抱きやすくもなった。このように、個性を活かしながら「遊び心」も含めることで、一人の分析では見えにくかった部分が補足できた一方で、多様な視点をつなぐ形で、第2仮説モデルを楽しみながら推敲させることができた。

　そして、〈主要メンバーでの合議〉を通して推敲した第2仮説モデルが、デモンストレーションビデオの典型例以外の面接場面でも見られるかについて〈監査との合議〉を行った。そこでは、主要メンバーが推敲したモデルをもとにしながら、典型例以外の面接場面を主要メンバーと監査がともに見た。そのプロセスにおいて監査から、たとえば「各指標については、100パーセント現れる必要はない。それよりもあるステップと他のステップが明確に区別できるかが重要である」というようなコメントがあった。このようなコメントにより、個人や主要メンバーの主観に流されず、主要メンバーと監査からなるメンバー全体が一定水準以上の質を保っていると判断できた段階名や指標が選択できた。このように、メンバー全体で確認しつつ洗練させるプロセスを経たことで、分析結果の質を上げる形で、モデルを完成することができた。

　また、論文の執筆段階においても、主要メンバー内で執筆箇所を分担する等して、〈個々人での作業〉を行った。そして、個々人で担当した執筆箇所を〈主要メンバーでの合議〉のような形を用いて主要メンバー間で確認をしながら、一つにまとめた。さらに、まとめたものを〈監査との合議〉のような形で、監査にも見せた。そして、たとえば、主要メンバーが考察において、今回の分析結果を倫理面と実践面での意義で議論していたところ、研究法の意義にふれてもよいのではというコメントを受け、それを反映させる形で論文を推敲した。このように、論文執筆段階においても、合議のプロセスを組み込むことで、効率良く一定水準以上の質を保ちやすくなった。

　なお、藤岡ら（2010）では、〈主要メンバーでの合議〉を1～2週間に1回程度行い、その間に〈個々人での作業〉を行った。また、そのようにして

〈主要メンバーでの合議〉を重ねた上で、〈監査との合議〉を1ヵ月に1回程度行った。このような間隔で共同研究者間の二つのレベルの対話を確保したことで、一人ひとりに過度な負担がかかることなく、半年程度で分析から論文投稿までが終わるという形でスムーズに研究が進んだ。

## 4 合議のプロセスを用いた質的研究の特徴

　合議のプロセスを用いた質的研究の特徴を考える上では、本章の「はじめに」でもふれた質的研究と心理臨床の関係について再度考えることが有益となるであろう。

### 4-1 専門家間の対話
　先述のように、質的研究と心理臨床の距離が近づいている背景には、①質的研究が心理臨床に視野を広げていること、②心理臨床が事例研究以外の質的研究法に視野を広げていること、③心理臨床と質的研究の技能に共通する側面があること、があった（能智, 2011）。
　①と②が重なる領域においてプロセス研究が発展したことは先に述べた。他方、③心理臨床と質的研究に共通する技能として具体的に挙げられているのは、（1）対象に対して柔軟性や能動性を持つ点、（2）背景にある意味を捉えようとする点、（3）技法を柔軟に用いる点、（4）対象と環境との関係に目を向ける点である（能智, 2011）。
　これらの心理臨床と質的研究に共通する技能は、研究者あるいは臨床家という専門家が個人として対象に向かう場合の共通点であるが、複数の専門家の間で対話が行われる場合の共通点も、質的研究と心理臨床にはあるだろう。

①質的研究における専門家間の対話
　質的研究において専門家間の対話が重視されているのは、分析のプロセスと研究能力の育成においてである。質的研究には、量的研究に比べ標準的な方法がないことに加え、どのような研究を行えばよいのか、また、どのような研究が良い研究なのかについての唯一の答えがないという難しさがある（能智, 2007）。そのような状況もあってか、質的研究を行い、その研究能力

を養う上では、研究者間の対話や協働的作業が重要だともいわれている（安田, 2013）。

　複数の専門家で研究を行う場合、メンバーが**同列的立場**にある場合があるだろう。メンバーが同列的立場にある協働作業においては、自主性・柔軟性・自由度が高くなるという長所があるといわれている（やまだら, 2007）。また、同列的立場にある協働作業は、研究の質を高めたり、学びの場としての機能を果たすともいわれている（磯村, 2004）。他にも、多くのエネルギーを要するテーマ（たとえば、自死遺族）において、研究対象と関わった専門家の重荷を降ろす機能があることに加え、対象に関わった専門家が自覚していなかった点に気づく機能も指摘されている（川野, 2008）。

　ただ、同列的立場の者だけからなる協働作業においては、高い水準の成果が得られにくいという指摘もあり、スーパーヴァイザー的立場にいる者が既存の知識や方法を伝授しながら関わることで、効率的に高い水準の成果に至るともいわれている（やまだら, 2007）。

②**心理臨床における専門家間の対話**

　他方、心理臨床において専門家間の対話がよく行われているのは、事例検討、特に**スーパーヴィジョン**の文脈においてであろう。

　心理臨床においては、援助を行う際に研究活動から導かれた臨床心理学の理論と知識を参照枠として用いることの重要性が議論されている（下山, 2010）。その一方で、個性の違いを考慮しながら創造的に援助を行うことが重要だとも議論されている（河合, 1992）。

　このように科学とアートの関係が心理臨床において重要となるが、スーパーヴィジョンは両者の溝を埋める役割を担っている（鑪, 2001）。スーパーヴィジョンとは、協働的な対人関係プロセスにより、スーパーヴァイジーの自己効力感を育てながら、科学的知見に基づく実践力の養成を目指した教育と訓練である（Falender & Shafranske, 2004）。

　スーパーヴィジョンには一対一の個人ベースのものがある一方で、グループで事例検討を行う**グループ・スーパーヴィジョン**もある。グループ・スーパーヴィジョンの長所としては、次の点が挙げられている（Proctor, 2008）。まず、自身が行っていることを他の臨床家に共有する機会を持つことで、多様な専門性や訓練から培ったものから、互いに得るものが導かれる。また、互いの行いを吟味することで、自覚していなかったことに気づく

ことも可能にする。そして、そのようなプロセスを経ることで、**説明責任**（accountability）の質も高め、様々な Cl や文脈において効果的な関わりができるような柔軟で多様な実践力を養うことにつながる。

③専門家間の対話が両領域で果たす機能
　専門家間の対話が質的研究と心理臨床の双方において重要であることを見たが、両領域での専門家間の対話が共通して果たす機能として、多様性や柔軟性を上げることで様々な気づきを促しながら、一定水準以上の成果を効率良く得られる点があるといえる。

## 4-2　合議のプロセスを用いた質的研究の長所
　質的研究と心理臨床の両領域で専門家間の対話が果たす機能を活かす合議のプロセスを用いた質的研究は、以下の長所を持つと考えられる。

①効率性の向上
　質的研究を行うには時間がかかるともいわれている（たとえば、Glaser, 1978）が、質的研究に合議のプロセスを用いることで、分析の効率性を上げることが可能となる（藤岡, 2013）。質的研究の中にも多様な研究法があるが、分析には三つのフェイズが通底している（能智, 2011）。一つ目は、複雑な現象に対し、部分に着目しながら読み込むことで、その現象の意味を「ほどく」フェイズである。二つ目は、読みと読みの比較を通して「むすぶ」フェイズである。三つ目は、比較した結果を整理や統合して「まとめる」フェイズである。これら三つのフェイズに合議のプロセスを組み込むことで、効率性を上げることが可能になる。まず、同様の分析作業を、〈個々人での作業〉として同時期に行うことで、短期間のうちに多様な視点でデータを「ほどく」ことができる。そして、個々人がほどいたものに対して〈主要メンバーでの合議〉を行うことで、様々な視点を踏まえながら分析の結果を「むすぶ」ことが容易となる。その上で、〈監査との合議〉により、分析の「まとめる」フェイズにおいて、むすんだものが洗練されやすくなる。このように、「ほどく」フェイズに〈個々人での作業〉を、「むすぶ」フェイズに〈主要メンバーでの合議〉を、そして、「まとめる」フェイズに〈監査との合議〉を組み込むことで、効率的に作業を行うことが可能になる[注2]。

②バイアスへの対応

　質的研究に合議のプロセスを組み込むことは、専門家が持っている**バイアスへの対応**もしやすくさせる。質的研究は対象に合わせ分析に柔軟性を持たせることが重要かつ特徴的だといわれている（能智, 2011）。また、心理臨床の実践においても、特定の理論や技法に縛られるのではなく、Cl にとって何が重要かを考えながら、理論や技法を統合的に用いることが重要だといわれている（村瀬, 2003）。だが、何かしらの心理療法に影響を受けた臨床家が、特定の質的研究法を用いながら一人で研究を行おうとすると、特定の方法あるいは観点に縛られた、バイアスのかかった研究になりやすいであろう。それに対して、複数のメンバーから構成される合議のプロセスを用いることによって、様々な視点から現象にあたりやすくなり、より複眼的に現象を捉えることが可能になると考えられる。

③社会・文化的側面の考慮

　合議のプロセスを用いた質的研究は、社会・文化的側面の考慮も行いやすくさせる。日本臨床心理士会（2009）の倫理綱領には、「会員は、基本的人権を尊重し、人種、宗教、性別、思想及び信条等で人を差別したり、嫌がらせを行ったり、自らの価値観を強制しない」という文言があり、人々の社会・文化的側面に配慮している。また、多文化間カウンセリングが第4勢力になっているともいわれている（Pedersen, 1991）北米においては、社会・文化的側面にさらに踏み込んでおり、たとえばアメリカ心理学会（American Psychological Association, 2003）は、**多文化主義**に基づく教育・訓練・研究・実践・組織変容についてのガイドラインを出している。他方、質的研究においても、様々な方法があるものの、社会・文化的側面を考慮することは質的研究の核心的な特徴の一つといわれている（やまだ, 2013）。このように、社会・文化的側面を考慮することは、心理臨床においても質的研究においても重要である中、合議のプロセスを用いた質的研究は、表5-1にも前掲したように、社会的属性や成育歴の異なる専門家が対話を行うことにより、社会・文化的側面も考慮しやすくなると考えられる。

④個性の活用

　専門家間の違いを尊重しながら協働作業が行われる合議のプロセスを組み込むことは、メンバーの**個性**を活かしやすくさせる。多くの場合、専門家の

間で得意分野は異なる。たとえば、研究例として挙げた藤岡ら（2010）においても、主要メンバーの中には、情報のビジュアル化が得意なメンバー、論理的思考が得意なメンバー、自由な発想が得意なメンバー、ファシリテーションが得意なメンバーがいた。そして、それぞれの得意な部分を活かしながら作業を行ったことで、各メンバーが伸び伸びとしながら、一定水準以上の作業が可能になった。質的研究を協働で行う場合、自主性を重んじることが意欲と満足度の高まりにつながると考えられている（やまだら, 2007）。また、心理臨床におけるスーパーヴィジョンにおいても自己効力感を高めることが重要だといわれている（Falender & Shafranske, 2004）。合議のプロセスを用いた質的研究は、個性を活用することで、自主性や自己効力感を高めつつ、それぞれの持ち味を活かしながら作業が行える方法だといえる。

⑤質の担保
　「バイアスへの対応」「社会・文化的側面の考慮」そして「個性の活用」を行うこと自体、研究の質の向上に寄与すると考えられるが、それらに加えて、質的研究を行う上で合議のプロセスを用いることは、**分析の信頼性の向上**にもつながると考えられる。従来の心理学では、主観的要素が研究に介在することに対して否定的な面があった（遠藤, 2002）。このことから、質的研究が受ける批判の一つとして、結果や考察が分析者の主観に流される危険性をはらんでいる点がある。特にそれは、分析者が一人の場合にそうであろう。このような批判を受けやすい質的研究に対して合議のプロセスを組み込むことで、〈主要メンバーでの合議〉と〈監査との合議〉という2段階のチェックを行うことが可能になる。そして、このような2段階のチェックによって、個々人の考えが尊重されつつも、分析の信頼性が担保されやすくなると考えられる。さらに、先述のように、合議制質的研究法を用いた数多くの論文が査読つきの雑誌において発表されている状況（Chui et al., 2012）を見ると、質的研究を行う際に合議のプロセスを用いることで、研究が受け入れられやすくなり、研究を発表できる場が増えるとも考えられる。

⑥技能の向上
　これらの効用がある合議のプロセスを用いた質的研究は、先述の質的研究と心理臨床の両領域で共通する専門家間の対話が果たす機能を活かすことで、藤岡（2013）でも議論されているように、研究面においても実践面にお

いても技能向上の機会につながる。

　まず、合議のプロセスというやりとりの中で**新たな気づき**を得ながら技能が向上すると考えられる。合議のプロセスの中でも〈主要メンバーでの合議〉は、気軽に発言できる支持的な環境において、様々な考えを共有しながら新たな知に至る。また、〈監査との合議〉は、熟練者からの助言を受ける一方で、他のメンバーの意見も聞くことができ、多様な視点を取り入れながらも一定水準以上の知に至る。

　さらに、合議のプロセスを用いた質的研究を介しながら、実践活動と研究活動を互いに活かすことで、**新たな学びの機会**につながるとも考えられる。実践活動から研究活動への活かし方として、グループ・スーパーヴィジョンの中で培ってきたメンバー間の対人的基盤を研究活動に活かすというものが挙げられる。そうすることにより、円滑なやりとりの中で分析を行いながら、質的研究の技能を伸ばす機会が得られるであろう。他方、研究活動から実践活動への活かし方として、分析対象がプロセス研究のように心理臨床でのやりとりの場合、対話をしながら分析作業を行うこと自体が、他の臨床家の実践のありようを見る機会につながる形で、実践力を伸ばす機会が得られるであろう。

## 4-3　合議のプロセスを用いた質的研究の活用に向けて

　以上のような長所が、合議のプロセスを用いた質的研究にはあると考えるが、この方法を活用する上での留意点がいくつかある。

　まず、複数のメンバーから構成されることから、**集団力動による影響**を受ける点が挙げられる。たとえば、メンバーが自己中心的になりすぎたり、目指す方向性がメンバー間で大きく異なる場合、摩擦が生まれやすくなるであろう。また、メンバー構成によっては、経験の浅さや年齢の若さなどが原因で気おくれして、発言が減るメンバーもいるであろう。他にも、リーダーシップを発揮するメンバーがいない場合、作業が滞ったり、特定のメンバーに大きな負担がかかることもあるだろう。これらに対しては、ファシリテーター役を設けたり、目指す方向性を適宜確認するなどの対応があると考えられる。また、論文執筆や学会報告をするのであれば、執筆／報告者順や担う役割などを、研究の早い段階で明確化させておくのもよいであろう。

　また、集まることができる**メンバーの数**によっては、合議のプロセスを用いた質的研究を実施することが困難になることもあるだろう。目安として、

主要メンバーは3人以上、監査は1～2名以上が最低限必要だといわれている (Hill, 2012a)。だが、共同研究者の数が足りなければ、本稿で示した形の合議のプロセスを用いることは困難となるであろう。ただ、インターネット技術の向上から、物理的距離の隔たりに関しては、対応可能になってきている。たとえば、分析で用いている電子ファイルをセキュリティの保証されたオンラインストレージにあげることで、複数のメンバーが意見を同じファイルに反映することが可能になっている。また、オンライン会議システムを用いることで、インターネット上での会話が可能になったり、パソコンで立ち上げているスクリーンを他のメンバーと共有しながらともに分析することも可能となっている。したがって、このような技術を積極的に用いることも有効であろう。

さらに、合議のプロセスを用いた質的研究を行う際、**メンバーの質**によっては、一定水準以上の成果を得ることが難しくなる可能性もあるだろう。たとえば、経験の浅いメンバーのみが集まった場合、誰かが監査という「役」についたとしても、監査に求められる「役割」を果たすことが難しいこともあるだろう。他にも、ファシリテーション能力が低いメンバーのみから構成された場合、やりとりが滞りやすくなるとも考えられる。このような状況に対しては、質の高いメンバーを探すことが求められるであろう。だが、それが難しい場合においても、合議のプロセスを積み重ねることが先述のように技能向上につながる面もあることから、個々のメンバーが能力を高めるよう努める形で対応できる面もあるだろう。

本章では、合議のプロセスを用いた質的研究について紹介した。質的研究に合議のプロセスを組み込むことは、質的研究と心理臨床の双方に大きな可能性を秘めている。今後は、合議のプロセスを用いた質的研究が臨床現場で用いられ、学術的にも実践的にも有益な知見が多く出されることが望まれる。

---

**注1** 紙面の都合から、合議制質的研究法のこれら三つの特徴の詳細については割愛するが、Hill (2012b) には、それぞれの点において詳しい説明がされているので参照されたい。

**注2** 合議のプロセスは、分析の過程だけでなく、文献やデータ収集の過程においても活用できる面があるが、それについては第8章を参照されたい。

第6章
# PCソフトを活用した質的臨床研究①
——KH coder を利用した計量テキスト分析の実践

八城　薫

## 1　はじめに

　本章では、臨床トランスクリプトを、コンピュータソフトを用いて計量的に分析していく方法、すなわち**計量テキスト分析**を紹介し、質的研究に計量的分析を加えていくことの有効性について検討していきたい。

　質的研究で常に念頭に置いておかなければならない問題は、データの分析や解釈における客観性と信頼性の問題である。われわれが日常で生きていくために必要な認知機能には、**認知バイアス**と呼ばれる主観的で偏ったものの捉え方や選択的な注意、あるいは、**ヒューリスティック**と呼ばれる経験則に基づく原因帰属といった特徴がある。このようなわれわれの日常の認知的処理機能は、迅速な判断や意志決定を可能にする一方で、得られたデータを偏りなく客観的に、全体的に、そして正確に捉えることを妨げる原因となり得る。計量的分析手法では、得られたデータはすべてコンピュータが公平に、偏りなく抽出して整理・分類・分析していくので、結果の客観性と信頼性を保持することが可能となる。質的研究においても、明確な数的指標を用いる量的研究の手法を取り入れることは、研究結果の客観性と信頼性の向上に大いに貢献するだろう。

　KH coder（KHコーダー）を開発した樋口（2014）の定義する計量テキスト分析は、「計量的分析手法を用いてテキスト型データを整理または分析し、内容分析（content analysis）を行う方法」である。加えて「計量テキスト分析の実践においては、コンピュータの適切な利用が望ましい」と述べている。**テキストマイニング**は最近よく耳にする分析手法であろう。テキストマイニングとは、自由記述やインタビューの記録、新聞記事などの文章

を、コンピュータを用いて言葉を抽出し、統計的に分析していく手法のことである。テキストマイニングは、もともとアンケート調査やインタビュー調査、雑誌・記事データの解析といった社会調査場面や、マーケティングなど商業的な領域で多用されていたが、近年では心理学の領域でも注目されている分析手法である。樋口（2014）の定義する計量テキスト分析は、単なるテキストマイニングではなく、データの抽出や分析結果の解釈にあたってグラウンデッド・セオリー・アプローチの考え方を取り入れた内容分析として位置づけられており、質的臨床研究手法としての適合性・有効性は非常に高く有望である。

## 2　KH coder について

　KH coder は、樋口耕一氏が開発・提供しているテキスト型データ分析用フリー・ソフトウェアである。Windows、Macintosh、Linux 上で使用することができるが、Macintosh、Linux 上で使用したい場合は、インストールがやや複雑のようである。本章では Windows 8 上での仕様で紹介していく。

### 2-1　KH coder による計量テキスト分析でできること

　テキストマイニングをはじめとして、計量テキスト分析は、一般に**仮説発見型手法、探索的データ分析手法**として位置づけられる。たとえば、大量の自由記述回答データや面接データを分析することによって、回答パターンや発言の特徴、会話の法則性などを発見し、そこから仮説を構築していくことができる。したがって、予備調査で利用されることが多い。

　しかしながら、本章では特に質的臨床研究への貢献として、グラウンデッド・セオリー・アプローチの際の言語抽出およびカテゴリー化、現象の解釈における客観性・信頼性を高める手法としての貢献可能性を強調しておきたい。そこで、本章では KH coder を利用するための具体的な準備、頻出語の集計《分析１》、語の出現パターン分析《分析２》、データの全体像を探る分析（共起ネットワーク：《分析３》、対応分析：《分析４》）を紹介する。

### 2-2　KH coder のダウンロードとインストールの方法

　KH coder は、http://khc.sourceforge.net/ から Windows 用 KH coder のソ

図6-1 KH coder のトップ画面

フト（khcoder-200f-f.exe）をダウンロードすることができる。Google などの検索エンジンで"KH コーダー"などと入力すれば最上位でヒットするだろう。ダウンロードしたファイルを実行すれば、インストールされる。インストール後は、ショートカットをデスクトップに作成しておくとよい。このサイトには、「チュートリアル＆ヒント」や研究事例リストなども掲載されているので、本章で不足の情報は、こちらのサイトや樋口（2014）の著書『社会調査のための計量テキスト分析：内容分析の継承と発展を目指して』で補っていただきたい。

## 3　KH coder による分析前の下準備

　ここでは研究例として、あるカウンセリング場面の中から、特徴的なセッションを分析対象とし、そのセッションでのセラピスト（以下 Th）の発話を分析する。

> ■カウンセリングにおけるセラピストの発話分析 ── 20代後半の軽度自己愛性パーソナリティ障害の女性への統合的セラピーにおけるセラピストの肯定的介入について
>
> **分析対象セッションの特徴**
> 　取り上げるセッションは、4セッション（#3、#15、#25、#26）である。#3は、初期段階でThへの疑心暗鬼な気持ちが強かった回であった。Thはあえてクライエント（以下Cl）の行動を肯定して、行動面での取り組みを促進しようと試みた回であった。#15は、ある程度の成果が表れ、Thへの信頼感も出てきて、安心と喜びの涙を流している回であった。#25は、Clの短期留学前の最後のセッションであり、これまでの取り組みをお互いに肯定的に振り返り、留学中のメールカウンセリングの可能性や、帰国後の再開についても話し合った回であった。#26は、留学中におけるThとのメールのやりとりを巡って、帰国後にThを責め、Thは謝罪しつつもClの訴える力の弱さを今後の課題として設定した回であった[注1]。

　分析用データファイルの作成は2段階に分けて、2種類のファイルを作成するとよい。一つ目は分析データを整理しておくための保存用データファイル（Excel：エクセル）、二つ目は実際に分析ソフトKH coderに読み込むための分析対象ファイルである。

## 3-1　第1段階 ── 分析データを整理するための保存用データファイルの作成

　まず、トランスクリプト（逐語録）は、エクセルを用いて図6-2のように整理しておくとよい。IDと発話者のセルは、後で分析単位を設定するのに必要となる。この段階で必ず実施しておくべき処理は、

> ●話者、発話内容をすべて全角に変換しておくこと
> ●用語を統一しておくこと

の2点である。KH coderは、テキストデータがすべて全角でなければ、分析用データとして読み込むことができないので、必ずこの処理が必要である。事前にKH coderを使用して分析することが想定されていれば、トラン

| ID | 発話者 | 発話内容 |
|---|---|---|
| #3Th1 | Th | これ(治療契約書)はコピーを渡しときましょうかね。 |
| #3Cl1 | Cl | そうですね。 |
| #3Th2 | Th | こっち(個人情報取得の同意書)も欲しいですか。 |
| #3Cl2 | Cl | ああ、いいです。 |
| #3Th3 | Th | 時間は書かなかったんですけど、土曜日の午後で |
| #3Cl3 | Cl | ああ、そうですね。 |
| #3Th4 | Th | いかがですか。 |
| #3Cl4 | Cl | 前回が終わってから、すっごい落ち込んで…(以下省略) |
| ・・・(中略)・・・ | | |
| #15Th1 | Th | ○○はそんなに涼しいですか |
| #15Cl1 | Cl | まだ、そんなに＊＊＊(?) |
| #15Th2 | Th | 今日は特別暑いですけどね(二人笑) |
| #15Cl2 | Cl | えっと、環境がすごい変わって…(以下、省略) |
| ・・・(中略)・・・ | | |
| #25Th1 | Th | ふーーん。 |
| #25Cl1 | Cl | 今月はなんかフラットな感じ。 |
| #25Th2 | Th | …今、職場はどんな感じですか? |
| ・・・(中略)・・・ | | |
| #26Th1 | Th | こんにちは、お久しぶりです。どうでした? |
| #26Cl1 | Cl | おもしろかったです。なんか…(以下、省略) |
| ・・・(中略)・・・ | | |

**図6-2 保存用データファイルの作成例**(エクセルを使用)

スクリプト作成の際に全角入力をしておけばよいが、そうでない場合は、半角文字を全角変換できるエクセルの関数機能(=JIS(セル))を使うと便利である(図6-3【豆知識】参照)。二つ目の用語の統一については、たとえば「いい」「よい」「良い」といった表現をすべて「良い」に揃えたり、特に分析の際に重視したい用語などは、同一の反応として処理されるように変換しておくとよい。

　以上の処理が終了したら、エクセルファイルは保存用としてわかるようにファイル名をつけて保管しておく。なお、この二つの処理は、使用するテキストエディタに相応の文字変換機能が備わっており、その機能を使いこなせる場合には不要である。

## 3-2　第2段階 ── 分析対象ファイルの準備

　次に、1段階目で作成されたエクセルのデータファイルをもとに、KH coderに読み込むための分析対象ファイルを作成する。分析対象ファイルはテキスト形式(*.txt)で準備する必要がある。テキスト形式のソフトとし

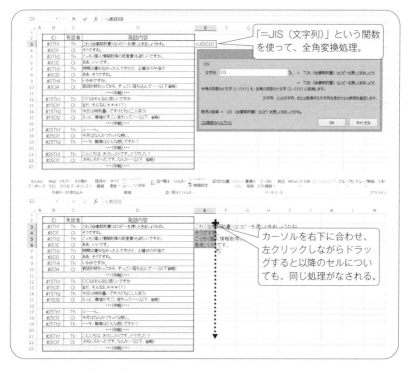

**図6-3 【豆知識】指定したセル内の文字列を全角に変換する方法**

て、Windows には「メモ帳」が標準で付属されている。そのほか、ウェブサイトを検索すれば「秀丸」や「WZ EDITOR」など、テキスト編集がより容易な機能を備えた様々なソフトも無償・有償でダウンロードできるので、各自、使用感に合わせて好みのものを選ぶとよい。

分析対象ファイルでは、分析単位、すなわち、どこからどこまでを一つの発話とみなすのかを、HTML マーキングを用いて設定しておく必要がある（表6-1）。見出しのレベルは H1〜H5 まで設定することができ、<H1></H1> や <H2></H2> のマーカー部分は半角で入力する。また、</H1>〜</H5> の直後には必ず改行する。

今回紹介する研究例は、Th の発話のみの内容分析なので、図6-4のようなファイルを作成した。必要な見出しはカウンセリングのセッションだけなので、HTML マーキングの使用は <H1> のみである。1行は1回の発話を意味する。Th だけの発話のみを抽出するには、第1段階で作成した保存用

表6-1　分析対象ファイルの作成例（テキスト形式）

| ファイルの内容 | 解説 |
|---|---|
| &lt;H1&gt;＃3&lt;/H1&gt; | &lt;H1&gt;見出し1&lt;/H1&gt;（改行） |
| &lt;H2&gt;＃3Ｔｈ&lt;/H2&gt; | &lt;H2&gt;見出し2&lt;/H2&gt;（改行） |
| これ（治療契約書）はコピーを渡しときましょうかね。 | 発話1・・・・・・（改行） |
| こっち（個人情報取得の同意書）も欲しいですか。 | 発話2・・・・・・（改行） |
| ・・・ | （改行） |
| &lt;H2&gt;＃3ＣＩ&lt;/H2&gt; | &lt;H2&gt;見出し2&lt;/H2&gt;（改行） |
| そうですね。 | 発話1・・・・・・ |
| ああ、いいです。 | 発話2・・・・・・ |
|  |  |
| &lt;H1&gt;＃15&lt;/H1&gt; | &lt;H1&gt;見出し1&lt;/H1&gt; |
| &lt;H2&gt;＃15Ｔｈ&lt;/H2&gt; | &lt;H2&gt;見出し2&lt;/H2&gt; |
| ○○はそんなに涼しいですか | 発話1・・・・・・ |
| ・・・ |  |
| （以下、省略） |  |

| ファイルの内容 |
|---|
| &lt;H1&gt;＃3&lt;/H1&gt; |
| いかがですか。 |
| うんうん。 |
| あちらの反応としてはどうでした？ |
| うんうん。なるほどなるほど。 |
| 今、聞いていると、ちょうどいい断わりっていうか、… |
| ・・・（以降、省略）・・・・・・・・・・・ |
| ・ |
| &lt;H1&gt;＃15&lt;/H1&gt; |
| ○○はそんなに涼しいですか |
| 今日は特別暑いですけどね（二人笑う） |
| うんうんうん。 |
| なるほどね〜 |
| ・・・（以降、省略）・・・・・ |
| &lt;H1&gt;＃25&lt;/H1&gt; |
| ・・・・・・（省略）・・・・・ |
| &lt;H1&gt;＃26&lt;/H1&gt; |
| ・・・・・・（省略）・・・・・ |

図6-4　今回の研究例の分析対象ファイル（ファイル名：Thトランスクリプトdata.txt）

のエクセルファイルを、データの並び替え機能を使用してThだけの発話になるように並び替え、それを一括コピーしてテキストファイルへ貼り付けて編集することができる。

## 4 KH coder の使い方の手順

二つのファイルの準備が完了したら、KH coderを起動してテキストファイルを読み込み、分析を行う前に必要なコマンドを選択していく。

### 4-1 KH coder を起動する

インストールが完了したら、一度PCを再起動しKH coderを起動する。起動すると図6-5のような画面が表示される。

図6-5　KH coder 起動直後の画面

### 4-2 ファイルの読み込み

分析を行うためには分析対象ファイルを「プロジェクト」としてKH coderに登録しなければならない。

- まず、「プロジェクト」から「新規」を選択する。
- 次に、新規プロジェクトのウィンドウ（図6-6）の「分析対象ファイル：参照」のところに、作成した分析対象ファイルを選択する。一度作成したファイルは、次回からは「プロジェクト」から「開く」をクリックすれば、ファイルが表示されるので、そこから選択して分析を始めることができる。
- 「説明（メモ）」に、何の分析ファイルかがわかるようにメモしておくとよい。「分析対象ファイル」を指定したらOKをクリックする。

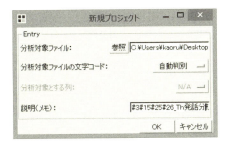

図6-6 「新規プロジェクト」のウィンドウ

### 4-3 データの前処理

①「プロジェクト」→「前処理」→「分析対象ファイルのチェック」

分析対象ファイルを選択して新規プロジェクトの設定が終了したら「プロジェクト」の隣にある「前処理」をクリック（図6-7）し、「分析対象ファイルのチェック」を選択する。「この処理には時間がかかる場合があります。続行してよろしいですか？」のウィンドウでOKを選ぶ。チェックに問題がなければ、「分析対象ファイル内に既知の問題点は発見されませんでした。前処理を安全に実行できると考えられます。」というウィンドウ（図6-8）が出るので、OKをクリックする。問題があった場合は、「分析対象ファイルのチェックと修正」ウィンドウ上で「自動修正」を実行するなどして、分析用テキストファイルの問題箇所を修正する。

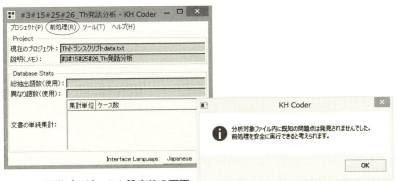

図6-7 新規プロジェクト設定後の画面

図6-8 「問題なし」の場合のメッセージ

②「前処理」→「前処理の実行」

　分析対象ファイル内の文章から語を切り出すコマンドである。「前処理」をクリックし、「前処理の実行」を選択すると、Databese Stats に「総抽出語数（使用）」と「異なり語数（使用）」、「文書の単純集計」が表示される（図6-9）。文書の単純集計の「文」は、読点（。）で区切られているもの、「段落」は改行で区切られているもの、「H1」は見出しで区切られているものを、それぞれ1ケースとしてカウントされている。

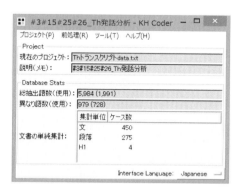

**図6-9**　「総抽出語数」と「異なり語数」と「文書」の単純集計表示画面

### 4-4　抽出語（分析に用いる語）の取捨選択

　次に、分析に用いる語の設定や取捨選択を行う。

①「ツール」→「抽出語」→「抽出語リスト」で語のチェック

　「ツール」から「抽出語」をクリックし「抽出語リスト」を選択すると「抽出語リスト－オプション」が表示されるので、図6-10のように設定してOKをクリックする。

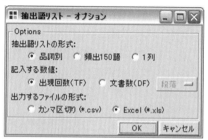

**図6-10**　「抽出語リスト－オプション」ウィンドウ

OKをクリックすると、エクセルが起動し、抽出語リストが表示される（図6–11）ので、分析対象にしたい語や品詞、分析に使用しない品詞などをチェックしておく。この作業は機械的に行うことができないので、後述する③の作業のために手書きでメモしておくとよい。品詞による取捨選択は、各分析の際にもその都度行うことができる。

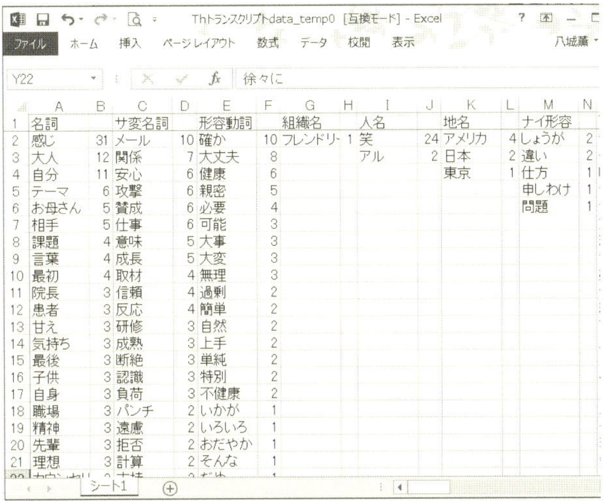


| | A | B | C | D | E | F | G | H | I | J | K | L | M | N |
|---|---|---|---|---|---|---|---|---|---|---|---|---|---|---|
| 1 | 名詞 | | サ変名詞 | | 形容動詞 | | 組織名 | | 人名 | | 地名 | | ナイ形容 | |
| 2 | 感じ | 31 | メール | 10 | 確か | 10 | フレンドリ- | 1 | 笑 | 24 | アメリカ | 4 | しょうが | 2 |
| 3 | 大人 | 12 | 関係 | 7 | 大丈夫 | 8 | | | アル | 2 | 日本 | 2 | 違い | 2 |
| 4 | 自分 | 11 | 安心 | 6 | 健康 | 6 | | | | | 東京 | 1 | 仕方 | 1 |
| 5 | テーマ | 6 | 攻撃 | 6 | 親密 | 5 | | | | | | | 申しわけ | 1 |
| 6 | お母さん | 5 | 賛成 | 6 | 必要 | 4 | | | | | | | 問題 | 1 |
| 7 | 相手 | 5 | 仕事 | 6 | 可能 | 3 | | | | | | | | |
| 8 | 課題 | 4 | 意味 | 5 | 大事 | 3 | | | | | | | | |
| 9 | 言葉 | 4 | 成長 | 5 | 大変 | 3 | | | | | | | | |
| 10 | 最初 | 4 | 取材 | 4 | 無理 | 3 | | | | | | | | |
| 11 | 院長 | 3 | 信頼 | 4 | 過剰 | 2 | | | | | | | | |
| 12 | 患者 | 3 | 反応 | 4 | 簡単 | 2 | | | | | | | | |
| 13 | 甘え | 3 | 研修 | 3 | 自然 | 2 | | | | | | | | |
| 14 | 気持ち | 3 | 成熟 | 3 | 上手 | 2 | | | | | | | | |
| 15 | 最後 | 3 | 断絶 | 3 | 単純 | 2 | | | | | | | | |
| 16 | 子供 | 3 | 認識 | 3 | 特別 | 2 | | | | | | | | |
| 17 | 自身 | 3 | 負荷 | 3 | 不健康 | 2 | | | | | | | | |
| 18 | 職場 | 3 | パンチ | 2 | いかが | 1 | | | | | | | | |
| 19 | 精神 | 3 | 遠慮 | 2 | いろいろ | 1 | | | | | | | | |
| 20 | 先輩 | 3 | 拒否 | 2 | おだやか | 1 | | | | | | | | |
| 21 | 理想 | 3 | 計算 | 2 | そんな | 1 | | | | | | | | |

**図6–11　エクセルの抽出語リスト表示画面**

### ②「前処理」→「複合語の検出」→「茶筅（ちやせん）を利用」で複合語のチェック

複合語とは、複数の単語から構成されている語のことで、このコマンドを実行すると連続して出現している名詞はすべて連結され、複合語として検出される。たとえば、「楽観主義」などは、1語とすることも「楽観」と「主義」に分けることも可能である。これは、分析者の研究目的によって異なってくる。分けて分析する場合は、次に説明する「語の取捨選択」コマンドで語の強制抽出を設定することになる。

### ③「前処理」→「語の取捨選択」

「前処理」から「語の取捨選択」を選択すると、「分析に使用する語の取捨選択」ウィンドウが表示される（図6–12）ので、ここで①、②でチェックした分析に用いる語の取捨選択を行う。

まず、「品詞による語の選択」では、エクセルで表示された抽出語リストで分析に使用しない品詞のチェックボックスのチェックを外す。「強制抽出する語の選定」や使用する品詞の中でも使用しない語は指定しておく。

　分析の際には出現回数の少ない語は使用しない設定ができるので、「使用しない語の指定」は、使用する品詞の中で、出現する回数が特に多いにもかかわらず分析からは除外したいという語のみを設定すればよい。

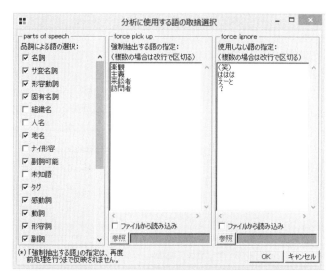

図6-12　「分析に使用する語の取捨選択」ウィンドウ


## 4-5　「前処理」→「前処理の実行」で分析データの準備完了

　前項の作業「抽出語（分析に用いる語）の取捨選択」が終了したら、再び「前処理」から「前処理の実行」を行い、問題がなければ分析データの準備完了である。

## 5 分析の実行

### 5-1 カウンセリング中にセラピストが多く用いた語を分析してみる《分析1》

まず、カウンセリング全体を通して、Th がどのような語をより多く用いていたかを分析してみる。分析方法は、以下の手順どおりである。もちろん、設定内容については目的に応じて変更してもよい。たとえば、頻出語150語だけでなく、すべてをリストアップしたければ、「抽出語リストの形式」を「品詞」に変えればよい。

①分析方法

- 「ツール」→「抽出語」→「抽出語リスト」を選択する。
- 「抽出語リストの形式」は「頻出語150語」を選択する。
- 「記入する数値」は「出現回数（TF）」を選択する。
- 「出力するファイル形式」は「Excel」を選択する。
- 以上の設定が終わったら OK をクリックする。

②結果の読み取り

表6-2は、Th の発言で6回以上出現した語をまとめたものである。4回のセッションで最もよく出現していた語は「感じ」で31回であることがわかった。次に多いのは「言う」「思う」という語で30回弱程度出現していた。10回以上用いていた語は、「怒る」「大人」「自分」「メール」「確か」という言葉であった。

表6-2 頻出語リスト（出現回数6回まで）

| 抽出語 | 出現回数 | 抽出語 | 出現回数 | 抽出語 | 出現回数 |
|---|---|---|---|---|---|
| 感じ | 31 | 確か | 10 | 健康 | 6 |
| 言う | 27 | 大丈夫 | 8 | 攻撃 | 6 |
| 思う | 26 | 関係 | 7 | 行く | 6 |
| 怒る | 18 | 聞く | 7 | 賛成 | 6 |
| 大人 | 12 | テーマ | 6 | 仕事 | 6 |
| 自分 | 11 | 安心 | 6 | | |
| メール | 10 | 帰る | 6 | | |

③研究への利用可能性

どのような言葉をよく用いていたのかを単にリストアップしたにすぎないが、ここから Th 自身の言葉の使い方の特徴を確認することもできるし、重要な言葉が明確に示されることになる。また Cl の発話分析に用いれば、Cl に内在する何らかのテーマが浮かび上がるかもしれない。

## 5-2 それぞれのセッションに特徴的なセラピストの発語を分析する《分析2》

次に、セッションごとに特徴的な言葉を調べてみる方法を説明する。

①分析方法

- ●「ツール」→「外部変数と見出し」→「リスト」を選択する。
- ●「外部変数と見出し」ウィンドウの左側「変数リスト」で特徴を見たい文書単位の「h1」(ここでは「h1」しか使用していないので)をクリックすると、「値とラベル」に「値」「ラベル」「度数」が図6-13のように表示される。
- ●「外部変数と見出し」ウィンドウ右下の単位から「文」を選択し、その左側の特徴語から「一覧(Excel形式)」を選択する。

図6-13 「外部変数と見出し」ウィンドウ

②結果の読み取り

表6-3は、それぞれのセッションでのThの発言を特徴づける上位10語がリストアップされたものである。表内の数値はJaccardの類似性測度であり、それぞれの語とセッションとの関連の強さを表している。つまり、数値が大きいものほど、そのセッションにおいて高い確率で出現している語ということになる。

表6-3を見ると、#3と#15では「なるほど」という語の出現が多いこと、#15と#25ではうなずきの「うん」が多いことがわかる。全体の出現数で頻出回数の高かった「感じ」は#26で用いられることが多かったことが読み取れる。

表6-3　セッションごとに特徴的な語

| #3 | | #15 | | #25 | | #26 | |
|---|---|---|---|---|---|---|---|
| なるほど | .054 | うん | .098 | うん | .199 | 感じ | .156 |
| 覚える | .038 | なるほど | .074 | まぁ | .070 | メール | .080 |
| 健康 | .038 | 言う | .065 | あ〜 | .058 | テーマ | .055 |
| 怒る | .036 | 思う | .057 | 思う | .052 | 親密 | .054 |
| 取材 | .030 | 帰る | .056 | 怒る | .041 | 思う | .043 |
| 言葉 | .030 | 大丈夫 | .046 | 関係 | .028 | と | .041 |
| 壊す | .030 | 無い | .037 | 大人 | .028 | 負荷 | .041 |
| 攻撃 | .030 | 行く | .037 | 確か | .028 | 課題 | .041 |
| 仕事 | .030 | 大人 | .036 | 断絶 | .022 | 見る | .041 |
| 出来る | .023 | 自分 | .036 | 子供 | .022 | うーん | .040 |

③研究への利用可能性

この結果から、各セッションの発言の特徴を捉えることができるので、カウンセリング全体におけるセッションの位置づけについて検討したり、カウンセリングプロセスを検討するような研究において、その客観性や信頼性を高める分析結果として貢献するだろう。

さらに、再度KH coderのメニューから「ツール」→「抽出語」→「KWICコンコーダンス」を選択し、「KWICコンコーダンス」ウィンドウ（図6-14）の抽出語に表6-2や表6-3で示された頻出語や特徴的な言葉を入力すれば、それらの語が、会話の中でどのように用いられていたのかを確認することができるので、単に出現数だけでなく、文脈もあわせて結果を記述すれば、より説得力のある結果の記述が可能となるだろう。

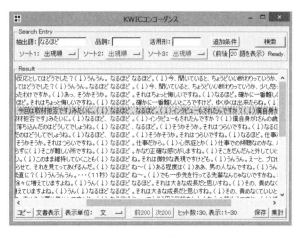

図6-14 「KWIC コンコーダンス」ウィンドウ

## 5-3 セッションごとのセラピストの発言特徴の分析
### —— 共起ネットワークを用いた分析《分析3》

カウンセリング全体での頻出語やセッションを特徴づける語の抽出だけでなく、同時に発現することが多かった語を抽出して、出現パターンを探る一つの方法に**共起ネットワーク**がある。どのような結果が得られるのかについては、結果の図（図6-16）および結果の読み取りを見ていただきたい。

①分析方法

- 「ツール」→「抽出語」→「共起ネットワーク」を選択する。
- 「抽出語・共起ネットワーク：オプション」ウィンドウ（図6-15）左側の「集計単位と抽出語の選択」を次のように設定する。

1. 「集計単位」は「文」、「段落」、「見出し（H1, H2……）」のどの単位で集計するかを決定する。今回の集計単位は「文」とした。
2. 「最小/最大出現数による語の取捨選択」は、何回以上出現した語を分析対象にするか決める。今回は最小出現数を「6」として6回以上出現した語を分析対象とした。
3. 「品詞による語の取捨選択」に、分析対象とする品詞にチェックを入れ、分析対象から外したい品詞はチェックを外す。今回は、分析対象とする品詞を「名詞」「サ変名詞」「形容動詞」「感動詞」「動詞」「形容詞」「副詞B」「否定助

動詞」とした。

4.「チェック」をクリックすると分析対象とする語の数が算出される。

● 「抽出語・共起ネットワーク:オプション」ウィンドウ右側の「共起ネットワークの設定」を次のように設定する。

1.「共起関係(edge)の種類」で、関係を見たい種類を選ぶ。今回はセッションごとの関係を見たいので、「語―外部変数・見出し」を選択する。見出しにレベル(水準)がある場合は、見たいレベルを選択すればよい。

2.「描画する共起関係(edge)の絞り込み」では、描画数を選ぶとJaccard係数の大きい順に指定された数の共起関係が選択される。今回は、「描画数」を選択しデフォルトのまま60とした。

3. 同じく「描画する共起関係(edge)の絞り込み」の「強い共起関係ほど太い線で描画」と「出現数の多い語ほど大きい円で描画」のボックスにチェックを入れる。

● 以上の設定が完了したらOKをクリックすると、共起ネットワークの図が作成される。作成後でも「抽出語・共起ネットワーク」の出力結果のウィンドウの下にある調整をクリックするとオプション画面が現れ、ここでも「描画する共起関係(edge)の絞り込み」を調整することが可能である。フォントサイズやプロットサイズなども調整し、見やすくするとよいだろう。

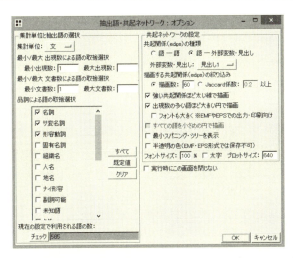

**図6-15**　「抽出語・共起ネットワーク:オプション」ウィンドウ

②結果の読み取り

　図6-16は、それぞれのセッションとThの発語との関係を示したものである。強い共起関係ほど線分は太く、出現数の多い語ほど大きく太く描かれている。

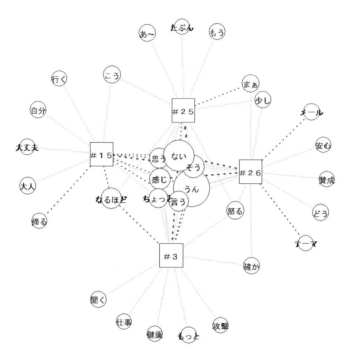

**図6-16　Thの発話共起ネットワーク**

　この結果を見ると、すべてのセッションと共起関係にある語は「うん」「ない」「そう」「感じ」「ちょっと」「思う」「言う」という語であることがわかる。また、セッション3（#3）とセッション15（#15）は「なるほど」と強い共起関係（太点線）にある点で類似しており、セッション3（#3）とセッション26（#26）は「確か」と共起関係にあることで類似、セッション3（#3）とセッション25（#25）とセッション26（#26）は「怒る」と共起関係にある点で類似することが読み取れる。さらに、セッション15（#15）は特に「帰る」、セッション25（#25）は「まぁ」、セッション26（#26）は「メール」「テーマ」といったように、セッション特有の発言パターンがある

ことがわかる。

このように、セッションと語の共起ネットワークを見ることで、セッション特有の発言パターンや、セッション間の共通項などを探ることができる。出力結果のどの部分に注目して見るかは、研究者の目的によって異なってくる可能性があるが、発言数や共起関係の強さを手がかりに解決することで、客観性を担保できるだろう。

③研究への利用可能性

各セッションでの発言特徴とともに、他のセッションとの関係も見ることが可能であり、また誰でも直感的に理解しやすい図であるので、使い方次第では研究に説得力を付与する有効な結果になるだろう。たとえば、セッションと語の共起関係をすべて一つの共起ネットワークとして見たとき、セッション回数が増えるにつれて、どのような発言が多くなっていくのか、といった視点で見ていくことで、カウンセリングプロセスにおけるClの変化を捉えたり、プロセスモデル構築の際の手がかりとしても利用できる可能性がある。また、ClとTh両方のデータを同時に分析すれば、会話としての内容分析が可能である。

もっとシンプルにセッションと語の関係ではなく、語と語の関係を見ることで、Th自身が自分の発言パターンを分析してみるのもよいだろう。

## 5-4　セッションごとのセラピストの発言特徴の分析
### —— 対応分析を用いた分析《分析4》

対応分析は、共起ネットワークと同じように語の出現パターンを探るひとつの方法である。対応分析は、図6-18に示すように、二つの軸(成分)に抽出語が布置される2次元の散布図で、布置の位置関係から、語と語の関係や発言の特徴を探っていくことができる。

①分析方法

- 「ツール」→「抽出語」→「対応分析」を選択する。
- 「抽出語・対応分析：オプション」ウィンドウ(図6-17)左側の「抽出語の選択」を次のように設定する。
  1. 「最小／最大　出現数による語の取捨選択」は、何回以上出現した語を分析

対象にするか決める。今回は「6」とした。

2．「最小 / 最大　文書数による語の取捨選択」の「文書とみなす単位」を決める。今回は「文」とした。

3．「品詞による語の取捨選択」に、分析対象とする品詞にチェックを入れ、分析対象から外したい品詞はチェックを外す。今回は、分析対象とする品詞を「名詞」「サ変名詞」「形容動詞」「感動詞」「動詞」「形容詞」「副詞 B」「否定助動詞」とした。

4．「チェック」をクリックすると分析対象とする語の数が算出される。

●「抽出語・対応分析：オプション」ウィンドウ右側の「対応分析のオプション」を次のように設定する。

1．「分析に使用するデータ表の種類」を決定する。今回は「抽出語×文書」を選択し、文書とみなす「集計単位」はH1とした。さらに「見出しまたは文書番号を同時布置」のボックスにチェックを入れておく。

2．「差異が顕著な語を分析に使用」のボックスにチェックを入れておく。

●以上の設定が完了したらOKをクリックすると、対応分析の図が作成される。作成後でも「抽出語・対応分析」出力結果のウィンドウの下にある調整をクリックすると調整画面が現れ、ここでもオプションを調整することが可能である。フォントサイズやプロットサイズなども調整し、見やすくするとよいだろう。

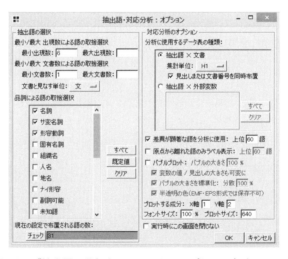

図6-17　「抽出語・共起ネットワーク：オプション」ウィンドウ

②結果の読み取り

　図6-18は、それぞれのセッションとThの発語を布置したものである。見やすさや説明しやすさを考えて原点を通る軸のみ後から付け加えている。

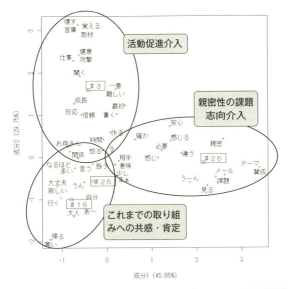

**図6-18　対応分析から見るセッションごとのThの発話特徴**

　対応分析を見る際のポイントを簡単にまとめると次のようになる。

---
- 出現パターンの似通った語ほど近くに布置される
- 原点に近いものは、全体に出現数が多いものが布置される
- 原点から離れて布置される語ほど、何らかの特徴で分類されたり、特徴ある語と解釈できる
- 集計単位（今回の場合はセッション）周辺に布置している語が、その単位での特徴としてグルーピングし解釈が可能
---

　今回の対応分析の結果（図6-18）を見ると、出現数の多い語の集まる原点から離れた領域に、セッションごとの特徴的なまとまりがあることがわかる。特にセッション3（#3）とセッション26（#26）は独自の領域に語のまとまりを持ち、特徴的であることがわかる。このまとまりから何かの主題を

解釈できるようであればセッション26が、カウンセリング全体の中でどのような位置づけになるのかを特徴づけることが可能となる。一方、セッション15と25（#15・#25）は、非常に似た特徴を持つセッションであることが示されている。

　これをもともとのトランスクリプトも参照しながら解釈すると、以下のように考えられる。#3は「壊す」「覚える」「健康」「攻撃」「聞く」「成長」など、活動を表す言葉が多く使われており、Clの行動面での取り組みを肯定して、さらに促進させようと働きかけることが介入の中心になっていることが読み取れる。また、#26では「賛成」「テーマ」「課題」「親密」「見る」などの親密性の獲得という自己愛性パーソナリティ特有の課題設定的な発言が多く、ClとThがある程度激しくやりあいながらも、今後の課題設定という形で収束させようとしているThの介入が中心となっていたことが確かめられた。さらに#15、#25ではともに「大丈夫」「寂しい」「行く」「大人」「帰る」などの発言が多く、それまでの取り組みを振り返りつつ、共感・肯定している介入が多いことが読み取れた。

　以上のようなことが、単なるThの意図やケース記録もしくはトランスクリプトの主観的な読み取りからだけでなく、このような客観的な対応分析によって確かめられるということは、質的臨床研究にとっては非常に意義のある試みとなったといえる。

③研究への利用可能性と限界

　共起ネットワークと同様に、各セッションでの発言特徴とあわせて他のセッションとの関係も見ることが可能である。さらに対応分析の場合は、布置（プロット）された語と語の距離や原点からの距離、軸上の位置関係からも関連の強さや関わり方を解釈することが可能となるので、共起ネットワークよりも解釈可能性が広がる。ちなみに本研究例では、図6-18の横軸プラスの方向（#26）のまとまりは「親密性の課題志向介入」、縦軸プラスの方向（#3）のまとまりは「活動促進介入」と考えるのが妥当であろう。

　しかしながら、どの語までを同じグループとするか、軸は何を示しているのか、といった解釈部分は研究者自身の考えに依存するので、恣意的、主観的な解釈にならないように注意して読み取る必要がある。本研究例では、1事例の中の異なったセッションにおけるThの介入について分析した。しかし、これを異なった事例やTh間での比較に使用することももちろん可能で

あるし、ケースフォーミュレーション（治療計画）との一致度とその効果を確かめるための分析ツールとしても、大いに活用できると考えられる。

## 6　おわりに

最後に、臨床研究とは少し離れるが、心理学を専門とする研究者でKH coderを使用した研究論文で参考になるものを以下に紹介しておく。実際に論文にまとめる際の書き方のお手本として役立つだろう。

- 古田雅明・中村紘子他（2012）新入生オリエンテーションに対する学生による評価の分析.『人間関係学研究』*14*, 59-70.
- 川浦康至・川上善郎（2012）オバマ当選ニュース伝播に関する学生調査.『コミュニケーション科学』*30*, 47-65.

---

注1　この臨床データは、著者が本書の編著者である福島との共同研究として、福島から提供を受けて分析したものである。

# 第7章
# PCソフトを活用した質的臨床研究②
——PAC分析による治療関係概念生成

杉山　崇

## 1　はじめに

　"PAC"とは個人が物事に対して意識的あるいは無意識的に感じている心構え（Personal Attitude）の構造（Construct）である。この方法では、まず何らかのテーマを研究協力者に提示して、そこから連想することをいくつかの項目にしてもらう。そして、項目間の心理的な距離を評定したデータをもとにいくつかのクラスター（群）に分類することで個人の心の中の構造を明らかにしようとする（内藤, 1997：図7-1）。分類の方法は**クラスター分析**と呼ばれる統計的な分析法を用いるので、質的な研究法でありながら科学的な根拠のある分類が可能である。クラスター分析とは互いに似たものを集める分類法の総称だが、PAC分析では**階層的クラスター分析**と呼ばれるクラスター間の距離も算出できる方法を用いる。なお、物事への心構えは社会心

1. 研究テーマに対して自由に連想してもらう
↓
2. 連想して出てきた内容を項目と呼ばれる短い文章にする
↓
3. その文章間の主観的な距離を一対比較法で測定してもらう
↓
4. その測定データにクラスター分析を行う
↓
5. 対象者と研究者が話し合って抽出されたクラスターの意味を検討する

図7-1　PAC分析のフロー

理学の文脈では**態度**と呼ぶ。この章でも、以降は心構えを態度と表す。

筆者は、PAC分析は個人内の何らかの事象に対する認知や態度の構造を明らかにする比較的バランスの良い方法であると考えている。この章では、PAC分析を臨床心理学の方法として使いこなすために必要な最低限の基礎知識、PAC分析を選択するまでの研究の考え方、そして金沢工業大学土田研究室が提供するPAC分析支援ツールを用いた比較的簡単な実施方法を紹介しよう。

## 2 態度を探る理由と方法

### 2-1 なぜ、態度を明らかにする必要があるのか？

人は日常的に経験している物事や繰り返し見たり聞いたりしたものについて、自分にとっての「意味」を見出している（杉山, 2010）。そして、たまたま同じ電車に乗っている見知らぬ人のように「私には重要でない」「今後、関わる予定はない」という意味を見出した物事には大雑把で弱い態度を持つ。一方で、人事異動で新しく配置された上司や、クラス替えで新しく担任になった教師のように「私にとって重要だ」「今後、深く関わることになる」という意味を見出した物事については精緻化された態度を持つ。精緻化された場合、態度は必ずしも一つではない。上司や担任教師なら「こういうところはいい人なんだけど、こういうところは困る」といったように複数の態度が複雑に絡まっていることもある。

態度は私たちの日々の何気ない行動や選択に影響している。たとえば、勤務先の上司や担任教師に、仕事や学業で困ったとき相談をするのはごく当然のことだ。困り事を放置すれば仕事や学業が滞るので、相談しないことは損失である。しかし、実態としては気安く相談できないことが多く、相談するにはいくつかの心理的なハードルがあることが社会心理学の研究で指摘されている。言い換えれば、相談を拒む態度が無意識的（潜在的）に存在する。この相談を拒む態度の実態を明らかにできれば、より相談しやすくするための工夫や配慮ができて仕事や学業が滞る損失を小さくできる。

このように私たちの行動や振る舞いは態度の影響を強く受ける。特に一見不合理な行動や振る舞いの背景にある態度は観察者にとっては不可解だったり、本人にも意識されていないのでわかりにくいことがある。そんなとき

に、態度を明らかにして関係者で共有できれば対策を立てやすいし、第三者にも説明しやすい。むやみに態度を明らかにすることは慎むべきだが、態度がわかることで私たちはより快適でスムーズに日々を営むことができることも多い。

## 2-2 態度を資料として収集する方法

　態度を研究のための資料として入手する方法としては、心理学研究法では**自由記述**および**心理尺度**による**質問紙法**、**面接法**などが知られている。面接法はさらに研究協力者に自由に話してもらう**非構造的面接**、緩やかな枠組みやアジェンダはあるものの研究協力者の自由度も容認する**半構造化面接**、研究者も研究協力者も事前に決められた手続きで面接を行う**構造的面接**に分けられている。PAC分析は構造的でもあるが研究協力者の自由度も高い特殊な面接法と位置づけられる。

　入手したい態度のパターンが明確で限定されている研究であれば、心理尺度による質問紙法も有効な場合がある。たとえば、「自尊心（self-esteem）」のように心理学の文脈で繰り返し議論されてきた概念を用いるのであれば、すでに概念は成立しているので、その概念への態度を「（自分に）あてはまる」「あてはまらない」で答えてもらえばよい。また、「男性の育休への賛否」がテーマであれば、「全面的に賛成」「断固反対」「条件付き賛成」で条件のパターンをいくつか用意しておけばいいので、自由記述や面接法を用いる必要はない。

## 2-3 心理尺度式の質問紙法が向かない場合

　しかし、たとえば、「あなたにとって納税とは？」と急に聞かれたら、どのように答えるだろうか。納税は何らかの形でみんなが行っている。子どもでもお小遣いで買い物をすれば消費税を払うことになる。大切な自分のお金が召し上げられていくのだから、きっといろいろな思いがあることだろう。しかし、税金について考えても税金が減るわけでもない。あなたの考えが政府や自治体の税金の使い方に反映されるわけでもない。なので、私たちは税金について普段はあまり考えなくなっている。複雑な思いはあるものの、日頃から言語化していないので、どのように表現すべきなのか、また表現してよい意見や感情なのかどうか判断にも迷うのではないだろうか。

　仮に税金への態度が様々で研究者の予想を超えるものが多々あったとした

ら、研究者がターゲットを絞ってしまう研究法を用いると、本当に意味のある資料を収集できない可能性が高くなる。このような場合は、心理尺度式の質問紙法ではなく、自由記述や面接法で資料を収集する必要があるといえるだろう。

### 2-4　面接法を選ぶべき場合

　態度には感情成分が多く含まれている。複数の感情が複雑に絡み合っていることもある。複雑な感情はシンプルな言葉で表しにくいことが多く、言語化に至るまでの情報処理量が多い場合がある。情報処理が複雑になればなるほどエラーも生じやすい。そのため、明確に言語化できる場合となかなか言葉にならない場合がある。また、アウトプットに至る前に疲労が発生して集中力が途切れがちでもある。

　日常的に態度を語る機会が多いテーマであれば、他の人にもわかりやすく伝わる言葉のセットが用意されていて比較的語ってもらいやすい。したがって、面接法や自由記述で得られた言語的な資料の妥当性が相対的に高い。しかし、「税金に対する態度」のように、日頃から活発に言語化しないものもある。

　漠然とした印象やイメージのままで、適切な言葉を与えられずに個人の中に蓄えられている態度を言語化する作業に研究協力者が一定時間以上集中してくれれば自由記述で意味のある回答が得られるだろう。しかし、負担感や疲労感から集中力が途切れると、型通りの回答になることもある。税金の場合であったら「国民の義務だから支払わなければならない」「高いとは思うが、社会の維持費として必要なんだと思う」といった小中学校の社会教育で教わるような回答が出てくることが増えるかもしれない。そもそも、回答を放棄するかもしれない。

　面接法は研究者と対面しているので集中力が途切れにくく、熟練した研究者であれば研究協力者を誘導しない範囲で言語化を支援することもできる。言語化のセットが用意されていないことが予想される場合には、相対的に面接法に優位性があるといえる。

## 3 PAC分析はこんなときに使える

### 3-1 PAC分析が有効な場合1 ── 態度のパターンが読めないとき

　上記のように、自由記述や面接法はあらかじめ態度のパターンを予測できないくらいバリエーションが豊富だと予想される場合に優れた方法である。しかし、ランダムに収集された態度から研究として意味のある構造や仮説を見つけるのが難しい場合がある。

　PAC分析は、質的データから「構造を読み解く」難しさを解消する優れた方法である。図7-1に示したように、構造を見抜く作業に対象者にも参加してもらい、普段は意識していない、あるいは自分でも気づいていない構造を抽出することができる。さらに研究者の主観が入りにくいので、相対的に、客観的でより妥当性が高い資料である可能性が高い。

　たとえば、風景構成法や箱庭療法で制作した作品についての研究協力者の態度、心理療法の対象者が担当セラピストに抱いている態度、セラピスト自身が心理療法のセッション中に考えていること、など「何が出てくるかわからない」場合に効果を発揮する。

### 3-2 PAC分析が有効な場合2 ── 研究者が仮説（認知バイアス）を持っているとき

　また、PAC分析は科学者としてのトレーニング過程にある研究者が、浅慮や思い込みに流されにくい方法であるともいえる。そのため、筆者は博士論文や修士論文だけでなく卒業論文に関わる研究でも薦めることがある。

　研究者が浅慮や思い込みに流されやすい状況は、研究者がすでに仮説を構成している場合によく観られる。仮説を持つことは研究者として大事なことだが、仮説は時に思い込みや先入観として作用して私たちの観点を歪めることが知られている。

　観点の歪みの例として、友人と待ち合わせているときに「きっと青い服で来る」と思い込んでいると、青い服ばかり探して白い服を着た友人に気づかないということはないだろうか。人間は何らかの先入観があると、それに基づいて物事を観察し、時に自分に都合のいい情報だけを集めてしまう。そして、都合のいい偏った情報で先入観をさらに補強する、ということもある。

このような現象を社会的認知心理学では**認知バイアス**と呼んでおり、特に先入観を確認するために情報を偏らせることを**確証バイアス**と呼んでいる。筆者の印象では、確証バイアスは質的研究では頻繁に生じている。
　量的な研究であれば、測定ツールと手続きがしっかりしていれば、研究者の認知バイアスは影響しにくい。しかし、インタビューや自由記述だと、「仮説に沿うところばかり聞いてしまう（情報の集め方が偏ってしまう）」「仮説に沿うところばかり注目してしまう（情報の整理の仕方が偏ってしまう）」というバイアスがかかりやすい。
　もちろん、訓練された研究者はそのようなことがないように細心の注意を払うが、訓練された研究者でも「バイアスがない証拠」は示せない。証拠が示せなければ、研究成果を観る側にどこまで客観性のある資料として観ることができるのか困惑させることになる。特に、仮説を持っているトレーニング段階にある未熟な研究者の集めた資料と見出した所見の確証バイアスの混入可能性は計り知れない。研究成果は「科学的信憑性があるかもしれないし、ないかもしれない資料」として取り扱われざるを得ない。
　ここで、PAC分析の持つ対象者の評定と、**クラスター分析**という研究者の先入観が混入しない手続きは頼りになる。この手続きでは研究者の確証バイアスが働く可能性をほぼ排除できるので、研究成果を観た人の困惑を最小化できる優れた方法であると考えられる。

## 4　PAC分析を選ぶ手続き

### 4-1　なぜPAC分析を使わなければならないのか？
　ここからは、筆者がPAC分析を採用した研究を例にしてみよう。
　研究はテーマがあり、それに適した方法を検討することから始まる。ここで紹介する例では、「治療関係」が研究テーマになったことがきっかけであった。筆者は2008年度に慢性抑うつ（うつ病）と被受容感（他者から大切にされているという認識と情緒；杉山, 2005）に関する課題が科学研究費（課題番号20683007）に採択され、この課題の一環として治療関係の中で心理療法家が対象者に被受容感を提供することの効果を検討する研究があった。
　この研究は筆者の10年にわたる被受容感の実証研究（被受容感はポジティ

ブな気分をもたらし、気分一致効果で建設的な自己の再統合や自尊心の回復を促す；杉山，2005）と心理療法の共通要因アプローチ（e.g., Wampold et al., 1997）で議論される治療関係論が背景になっている。これらの研究や議論を総合すると、「対象者が治療関係の中で"心理療法家からの被受容感"を実感することで、心理療法がより効果的になる」と考えることができる。

　この仮説は心理療法の対象者を研究協力者とする調査で仮説を検討することはもちろんだが、心理療法の対象者に調査協力をしていただく負担をかけるのは、一人の心理療法家でもある筆者は最小限に留めたい、という気持ちになってしまう。そのため、対象者への協力を求めるには、よりポイントを絞った調査を行うために仮説を磨き上げたい。そこで、対象者よりは相対的に負担をお願いできる余力のある当事者、すなわち筆者以外の心理療法家たちが仮説のような現象をどのように実感しているか検討しなければならない、という結論に至った。

## 4-2　研究テーマと方法のマッチング

　では、この研究に適した研究方法を考えてみよう。

　研究に必要な資料は、「心理療法家たちの実感」という個人の内面に属するものである。そこで、心理学研究法を選ぶにあたって行動観察や行動分析は適さない。質問紙法または面接法のどちらかに優位性があるといえる。

　次に、必要な資料の質とバリエーションの量を考えてみよう。「治療関係に関わる実感」なので、個人の内面の中でも治療関係への態度と言うことができる。そして、心理療法家は被受容感だけでなく、様々な要因に配慮しながら治療関係を展開すると予想されるので、心理療法家がどのくらい被受容感を重要視しているのかは定かではない。そこで、様々な心理療法家の態度を収集できる方法が必要という結論に至る。

　また、この研究テーマは自由記述による質問紙法では十分な資料が収集できない可能性がある。その理由は本章2-4節で紹介した言語化の問題である。心理療法のコツやポイントを歴代の心理療法家が言語化したものが各学派の「理論」である。「理論の逆転移」（Duncan et al., 1997）という現象が知られており、何らかの学派を背景とする心理療法家は自分の依って立つ理論に準拠して心理療法を言語化、概念化することに慣れている。自由記述にすると、自分自身の実感ではなく依って立つ理論から観た治療関係を記述してくれるだけかもしれない。もちろん、理論ではなく「実感」を記述するよ

うにお願いはするものの、言語化の負担の中で集中力が途切れる可能性も捨てきれない。そこで、面接法が適当という結論に至った。

## 4-3　PAC分析の採択

　ここまでの検討で、この研究テーマの研究方法としては面接法が適しているとことがわかった。では面接法の中のどの方法が適しているのだろうか？

　上記のように、この研究テーマでは筆者は筆者なりの仮説（認知バイアス）を持っている。そこで、研究協力者の参加によって研究者の認知バイアスを軽減できるPAC分析の採用に至った。こうすることで、成果は「少なくとも研究協力者の中で生じている真実」の一端を捉えていると言うことができる。

　ところで、PAC分析と同じように潜在的な構造を探ることを目指した面接法に**グラウンデッド・セオリー・アプローチ（GTA）**がある。両者は研究者の認知バイアスに対する考え方が根底から違う。

　PAC分析は「誰が見ても"真実"と言える」成果を出すことを目的にしている。これは、自然科学的な本質主義に基づいた研究スタイルで、心理学研究全般の基本スタイルでもある。筆者は心理学研究者として研究を企画しているので、本質主義に基づいた立場でこの研究を遂行する必要があったのでPAC分析の採用に至った。

## 4-4　PAC分析か？　GTAか？

　一方で、GTAは研究者の認知バイアスも資料と考えている。つまり、研究者がどういう立場でどういう目的を持って資料を収集して概念生成したのかを明らかにして、研究成果を観た人がその立場を踏まえて成果を評価・活用できるようにしたものである。これは**社会科学的な構成主義**に基づいた研究スタイルといえる。

　社会科学的な構成主義とは、「立場が変われば物事の見え方も変わる」ということを容認し、時に研究成果を見る人たちに立場を変えてもらうことを目指した研究スタイルである。たとえば「殺人犯も人であり人権がある」という立場で死刑を考えると「（人権を永遠に奪う）死刑はおかしい」という主張になる。しかし、「主体的に殺人を犯す人は特殊な人であり人権も特殊であるべきだ」という立場で死刑を考えると「死刑が必要な場合もある」という主張になる。どちらもある意味では正しいが、どちらかだけが正しいと

は言い切れない。

　この立場で考えると、証明したい仮説（認知バイアス）を持った研究者が自分の仮説や社会的な立場を明確に定義できるなら、GTAを採用することで社会科学的に意味のある成果を出せる。なお、筆者はGTAを活用した研究論文を査読する機会があるが、博士論文のレベルでもGTAの社会科学的特徴を理解しないまま使っている例が多く、あたかも自然科学的な本質を確認したかのような記述が散見される。自然科学に基づいて研究をするのであれば、GTAよりPAC分析をおすすめする。

　なお、GTAによる仮説の提案は、いわゆる心理学研究の一環として活用できる場合もある。まったくの新しいテーマで、所見が乏しく、仮説の立てようがない場合には、GTAで「（ある程度の信憑性を持った）仮説の提案」を目指す研究であればGTAを採用できる。もちろん、PAC分析もこの用途で使うことができる。

## 5　PAC分析の進め方

### 5-1　母集団と研究協力者サンプリングの検討

　さて、ここまでPAC分析を採択するまでに考えるべきことを紹介してきたが、上記のように自然科学の立場で質的研究を行っているので、まずは母集団とサンプリングについて考えてみた。**母集団**とは、心理学研究者の場合は漠然と抱いている自分が見出したい所見の適用範囲のことである。

　研究テーマから想定される母集団は、「効果的な心理療法を施行している心理療法家」と設定できる。「効果的な心理療法」の定義が難しいが、暫定的に現場で活用され続ける心理療法と定義した。

　母集団を設定したら、適切な**サンプリング**を考えなくてはならない。効果的な心理療法をよりたくさん施行したと思われる人物に研究協力者を依頼したほうがより適切な資料を収集できる可能性が高い。この条件で考えると、経験の浅い心理療法家ではなく、**エキスパート**（熟達者）に研究協力者を依頼したほうが求めている資料を収集できる可能性が高い。

　エキスパートとは、当該の課題について経験に基づいたルールと教訓と遂行スキルを身につけている人のことである。エキスパートは経験に支えられて心理療法をより効果的に運用する頻度が高いと考えられる。認知心理学の

エキスパート研究（伊藤，2007）では経験10,000時間以上がひとつの目安になるとされている。週40時間労働で考えると250週、約5年という計算になるが、心理職は心理検査やコンサルテーション、研修の講師なども行うことがあり、1日8時間フルで心理療法を毎日行うことは考えにくい。そこで、心理療法の職歴10年以上を一つの目安とした。この他、治療関係の言語化・概念化の問題なども考慮して、最終的に以下の条件で研究協力者を集めた。

1．最近10年以上の生計の一部が心理療法の実務報酬で成り立っていること。
2．主に日本国内でトレーニングを受けたと自認する心理療法家であること。
 →研究者である筆者と同じ言語でトレーニングを受けていることで面接者の理解可能性を高めるためである。
3．継続的、定期的に臨床心理士養成の指定大学院で後進の指導にあたっていること。
 →日頃から心理療法について言語的に指導する機会があることで、言語化可能性が高いと考えられる。
4．特定学派の治療関係ではなく実務家の治療関係を対象にしているので、実務の中では特定学派にこだわった心理療法は行っていないこと。
 →理論の逆転移の発生を防ぐための条件である。

## 5-2　研究協力者への依頼

以上の条件で、該当する心理療法家を探したが、4番目の条件については日本では特定学派のオリエンテーションで初学者の教育が行われることが多いので、「拠って立つ学派はあるものの、統合的な志向性を持ち、特に学派にこだわった心理療法は行っていない」という形に修正することになった。条件を厳しくすれば資料の妥当性は上がるが、研究協力者の確保を優先して緩和した形である。

こうして、10名の候補者を選定し、公式に協力を依頼した。依頼は主に郵送の文書かメールで行ったが、参考までに筆者が面識のない研究協力者に送った依頼メールのひな形を紹介しよう（図7-2）。郵便物で依頼する場合も基本的に同様の様式である。

ポイントとしては、①自分自身の所属とご連絡の目的を明らかにする、②依頼事項を説明する、③依頼した理由を説明する、④協力の意思がある場合の連絡先を明示する、⑤謝意を表明することが盛り込まれた簡潔な文書であ

> ○○先生
>
> 初めてご連絡いたします。
> 私は神奈川大学の杉山崇と申します。
> △△で先生のご連絡を教えて頂いてお手紙（またはメール）させて頂いております。
> 突然のご連絡をお許し下さい。
>
> 私は「来談者中心的認知行動療法の基礎研究」というテーマで量的・質的な研究を行っているものです。今年度からは科研費の補助も受けております。
>
> その中に質的研究として「心理臨床家の治療関係認知」という項目がございます。心理臨床家の指導者をなさっている先生方に治療関係に関するインタビューを行って解析しようというものですが、もし先生がよろしければインタビューをさせていただきたいと願っております。
> 先生の論文から、しなやかに力強く心理療法を行う姿勢を拝見して、ぜひ詳しく伺いたいと以前から思っておりまして、先生のお考えを伺う機会を得られれば幸いです。
>
> 急なお願いで本当に申し訳ございませんが、ご検討いただけると幸いです。
> よろしければ、追って詳細をお知らせいたします。
> □□□□（研究者連絡先）□□□□まで、ご連絡頂けますと幸いです。
> なにとぞよろしくお願い申し上げます。
> ご多忙のこととお察しいたしますが、くれぐれもご自愛ください。
>
> 杉山崇

**図7-2　研究協力者への依頼メールのひな形**

ることが望ましい。

　なお、依頼主が大学院生や学生の場合、研究に責任を持つのは指導教員である。そのため、このような依頼も本人が行うのではなく、責任主体である教員が行うことが望ましい。少なくとも、教員の名義で依頼したという形があったほうが研究協力者も信頼してくれやすい。

　筆者の場合は8名から受諾を受け、日程の関係で都合がつかなかった1名を除いて7名の心理療法家にご協力をいただけた。

## 5-3　プログラムの入手

　次に、PAC分析を簡便に施行できるように工夫されたプログラムを紹介しよう。筆者が考える現在最も使いやすく信頼できるプログラムは金沢工業大学土田義郎教授が提供する**PAC分析支援ツール**である。エクセルのマクロなのでエクセル環境が必須だが、無償で提供してくれるフリーウェアである（図7-3）。

> ### PAC 分析支援ツール
>
> PAC-assist(Excel VBA)
>
> ## PAC 分析とは
>
> 　PAC とは Personal Attitude Construct という意味で、個人の認識の構造を指します。日本語でいうと「個人別態度構造」となります。内藤哲雄先生（信州大学）が個人の心理分析を模索する中で開発した方法です[註]。
>
> 　一般的に、認知の構造を特定個人について求める場合、論理的な認識が容易な対象については評価グリッド法のような方法が有効です。しかし、論理構造があいまいであったり、ふだん意識していない潜在的な部分を浮かび上がらせようとしたりすると、被験者自身の論理的思考では困難であることがあります。
>
> 　このような場合に、非論理的な自由連想からはじめて、類似度を考えさせ、それを用いたクラスター分析を現象学的立場から被験者と実験者が共に問題を共有するというこの方法が有効な場合があります。現象学的立場から徐々に意識の階層構造を推定していくという手法は、実験的心理学の中ではあまり見られません。
>
> 　註　内藤 哲雄：PAC 分析実施法入門［改訂版］「個」を科学する新技法への招待
> 　　　ナカニシヤ出版、2002年11月発行、四六判　160頁　1800円＋税　ISBN4-88848-744-8
>
> ## 開発の目的
>
> 　PAC 分析ではカードを用いて連想語を記録・提示します。しかし、紙のカードを使用した PAC 分

図7-3　PAC 分析支援ツールの解説と提供の Web ページ（URL：http://wwwr.kanazawa-it.ac.jp/~tsuchida/lecture/pac-assist.htm）

> 土田義郎先生
>
> ご多忙のところ失礼いたします。
> 私は神奈川大学人間科学部で臨床心理学の教員を務めております杉山崇と申します。
>
> 現在、心理療法家がクライエントとの人間関係をどのように考えながら心理療法を行っているのか、というテーマについて科研費研究を行っております。
> 内的な世界をわかりやすく表現する方法としてPAC分析を活用させていただきたいと思い、調べておりましたら先生のwebページに行き着きました。
>
> まことに厚かましいお願いですが、先生の開発された支援ツールを使わせていただくことはできますでしょうか。
> ご検討いただけると幸いです。
> なにとぞよろしくお願いいたします。
>
> 杉山崇

**図7-4　PAC分析支援ツールの提供を依頼するメールの例**

このページ（図7-3）に掲載されている連絡先にメールでツールの提供を依頼して、土田教授が提供して差し支えないと判断すると、基本的にメールへの返信という形で添付ファイルが届く。ファイルは圧縮されているが、Windowsの標準的な圧縮形式なので、難なく解凍できるだろう。

依頼にあたっての注意は基本的に研究協力者への依頼と同様であるが、参考までに筆者が送った依頼メールを紹介しよう（図7-4）。研究協力者への依頼と違い、Webページで連絡先は公表されているし、提供の可能性も示唆されているので、文面は微妙に異なっている。ただし、大学院生および学生が依頼する場合は、研究の責任者である指導教員から依頼をしてもらいたい。言い換えれば、指導教員がPAC分析の活用で意味のある成果につながる可能性を認めた上で依頼をしてほしい。学術的な労力を無償で提供することをアカデミックボランティアと呼ぶが、土田教授のツール提供はまさにこれにあたる。アカデミックボランティアを求める主体はマナーとして、提供された労力を学術的に意味のある成果に至らせる努力義務がある。少なくとも、成果に結びつく可能性を研究に責任をとれる主体が保証する中で、提供を要請することもマナーの一つであるので、心がけていただきたい。

また、プログラムの提供を受けたら提供への謝意を表すメールを返すこと、ツールを活用した成果を公表した際にはできれば成果物を添えて一報を入れることもマナーである。

## 5-4　ソフトの立ち上げと自由連想

プログラムを解凍すると、以下のようなフォルダが現れる。その中の、"PAC アシスト（s7）2008……"というエクセルファイルを開くと、PAC 分析支援ツールがスタートする。通常のエクセルはセキュリティの問題で「マクロを許可しない」設定になっていることが多い。この場合は「マクロを許可する」設定に手動で切り替える必要がある。このやり方は、各自で確認してほしい。

最新版の Version では、「＊説明」「更新履歴」「PAC 分析メイン」「非類似度行列（raw）」「非類似度行列（対称化）」という五つのタブから成り立っている。まずは、「＊説明」からご覧いただきたい。「簡易ガイド」という形で進め方が案内されている。わかりやすい案内なので、本書での説明は省略する。

次に「PAC 分析メイン」というタブに進むと、下図の画面が出てくる。

図7-5　PAC 分析支援ツールのメイン画面

「連想刺激文」のセルに予め研究協力者に連想してほしいテーマについて、簡潔に記入しておくと、進行がスムーズである。筆者の研究では、資料のような刺激文を設定した。

ここからは、当時40代前半、実務歴15年超の男性心理療法家のPAC分析を例として紹介しよう。この男性は最初に学んだオリエンテーションはクライエント中心療法だったが、その後精神分析のトレーニングを受け、実務の必要性に応じて統合的な心理療法を行うようになったという履歴を持つ。経歴的には、医療領域と学生相談が主な実務領域であった。

連想刺激文に対して「10くらいまでを目安に」と教示をしたところ、男性は最終的に11個の項目を挙げた。次の手続きを考えると10以内が望ましいが、筆者の印象では大事なことはあとから言語化される可能性もあるので、出尽くすまでは「もうありませんか」と連想を促すほうがよいだろう。当初は13項目だったが、自発的に「同じことを言っているような気がするので」と2項目を他の項目に含ませて、11項目となった。

### 5-5 重要度の評定と一対比較法

次に各項目の重要度の比較をして順位をつけてもらう。全体を眺めながら、大事だと思う順に「1位、2位……」と評定してもらうが、途中で入れ替えたくなった場合はそれを許可する方向で進めた。

順位がついたら**一対比較法**が始まる。一対比較法とはこの研究の場合なら11の項目から二つずつを取り出して（これを「一対」と呼ぶ）、距離的な近さ（似ている・関連性の強さ）を評定するものである。具体的には図7-6のような画面で、左右を比べながら行う。比較は各項目総当たり式なので、比較の総数は、（項目数$^2$－項目数)/2で表せる。なので、項目が一つ増えるごとに比較の数は大きく増えるので研究協力者の負担が増す。ここでは11項目だったため、55の比較を行うことになる。なお、「PAC分析メイン」画面（図7-5）で、「一対比較を2回行わない」のチェックを外すと、左右逆転させた比較が行われるので、比較総数は2倍になる。左右逆になることで印象が変わって関連性の評価が変わることがあるので、チェックは外すことが望ましいが、110回の比較を研究協力者にお願いするのは疲労の問題を考慮すると現実的でない。7項目であれば、左右逆転させて2回の一対比較を行ったとしても42回なので不可能ではないが、9項目を超えた場合は「2回行わない」にチェックを入れておいたほうが、疲労で精度の下がった情報を得る

リスクを避けられるだろう。

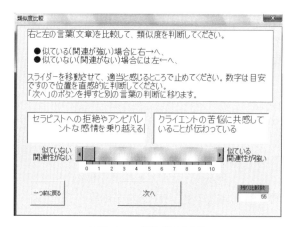

図7-6　一対比較の画面

## 5-6 「非類似度行列（対称化）」とクラスター分析

比較が終わると、「非類似度行列（対称化）」タブに結果が出てくる。ここで研究協力者には5～10分の休憩をとってもらうように教示する。研究者はこの間に、結果をもとにクラスター分析を行う。まずは、図7-7の太枠で囲んだ部分をコピーしよう。

| | A | B | C | D | E | F | G | H | I | J | K | L |
|---|---|---|---|---|---|---|---|---|---|---|---|---|
| 1 | 非類似度 | お互い | クライエ | 立場的 | クライエ | クライエ | クライエ | クライエ | セラピス | クライエ | クライエ | セラピストへ |
| 2 | お互いに合えるとき | 0.0 | 26.8 | 77.7 | 30.6 | 31.7 | 24.2 | 50.9 | 18.1 | 59.9 | 15.7 | 15.7 |
| 3 | クライエントを大切に | 26.8 | 0.0 | 51.2 | 73.9 | 73.0 | 25.0 | 74.8 | 34.4 | 16.0 | 17.8 | 17.2 |
| 4 | 立場的にできること | 77.7 | 51.2 | 0.0 | 72.7 | 49.5 | 75.0 | 74.5 | 19.8 | 67.2 | 13.7 | 15.2 |
| 5 | クライエントの目的や | 30.6 | 73.9 | 72.7 | 0.0 | 31.7 | 32.6 | 45.7 | 74.5 | 14.9 | 75.0 | 36.4 |
| 6 | クライエントの心の準 | 31.7 | 73.0 | 49.5 | 31.7 | 0.0 | 26.8 | 32.3 | 24.2 | 50.6 | 100.0 | 40.5 |
| 7 | クライエントが信頼し | 24.2 | 25.0 | 75.0 | 32.6 | 26.8 | 0.0 | 56.7 | 14.6 | 41.9 | 25.9 | 18.7 |
| 8 | クライエントが変化の | 50.9 | 74.8 | 74.5 | 45.7 | 32.3 | 56.7 | 0.0 | 74.2 | 73.3 | 73.0 | 28.2 |
| 9 | セラピストをどのよう | 18.1 | 34.4 | 19.8 | 74.5 | 24.2 | 14.6 | 74.2 | 0.0 | 43.7 | 16.0 | 31.2 |
| 10 | クライエントの苦悩に | 59.9 | 16.0 | 67.2 | 14.9 | 50.6 | 41.9 | 73.3 | 43.7 | 0.0 | 22.1 | 17.2 |
| 11 | クライエントの期待に | 15.7 | 17.8 | 13.7 | 75.0 | 100.0 | 25.9 | 73.0 | 16.0 | 22.1 | 0.0 | 16.9 |
| 12 | セラピストへの拒絶や | 15.7 | 17.2 | 15.2 | 36.4 | 40.5 | 18.7 | 28.2 | 31.2 | 17.2 | 16.9 | 0.0 |

図7-7　「非類似度行列（対称化）」タブの画面

PAC分析支援ツールを使うのはここまでで、クラスター分析は他のソフトで行わなくてはならない。ただし、クラスター分析は心理統計としてはご

く初歩的な方法なので、統計ソフトを使えば、誰でも難なくできる。SPSSやSASなどの信頼できる統計パッケージを使うことが望ましい。エクセルで行いたい場合はSSRIの提供する有料の「エクセル統計」シリーズなどを活用しよう。また、ビジネスマン向けに書かれた統計の入門書（たとえば、末吉・末吉, 2014）は比較的わかりやすいクラスター分析の説明や実施法が説明されている。

　クラスター分析にも多様なオプションがありどの方法が最も良いかは評価が分かれる。筆者の場合はデータは「正規化[注1]しない」、「フォード法[注2]（クラスター分析における代表的な方法）」、デンドログラムを描く基準は「平方距離」で設定した。すると図7-8の結果となった。

**図7-8　PAC分析の結果**（デンドログラム）

　まず、距離が200000以上離れている大クラスターが二つ、大クラスターの一つはさらに距離100000過ぎで二つの中クラスターに別れ、中クラスターの一つはさらに距離50000前後で二つの小クラスターに分かれていた。もう一つの大クラスターはそのまま、一つの小項目を構成していた。デンドログラムは直観的にクラスターの構造がわかるようになっているが、事前にクラスター分析を使った研究論文を読んで、構造の読み方に慣れておくと研究協力者の負担を減らせるだろう。

　研究協力者の実感に合うクラスターを探りつつセルを作って枠で囲み、小から大へとクラスターに命名（概念化）を依頼したところ、研究協力者は図7-8のような概念を生成した。依頼の流れとしては、「このクラスター分けで違和感はありませんか？　また（小クラスター）項目を総括すると、どのような名前がつけられそうでしょうか？」を小クラスターごとに行い、「この（二つの）クラスターを総括すると……」として中クラスターの概念化を促し、最後に「二つ（の大クラスター）を比較すると、どんな違いがあるで

しょうか?」という仕方で行った。具体的な質問は各自で工夫されたい。

## 6　考察とまとめ

　以上の手続きを経て、PAC分析そのものは終了である。ここからは、結果の考察について考えてみよう。

　考察は、まず、全体的な構造について、そして部分的なクラスターについて行うことが望ましい。今回のPAC分析では、研究協力者になった心理療法家はセラピストが関与できる要因とセラピストの関与が難しい要因を意識しながら治療関係を展開していたことがわかったことが全体的な構造といえる。部分的なクラスターについては、関与が難しいクラスターはクライエントのレディネスのみだったが、比較的関与できる領域は三つの小クラスターから成っており、より関与できる治療関係要因を精緻化していることがわかる、といえる。

　なお、このPAC分析は仮説探求だけでなく、仮説検証に近い意味もあった。これについては、「セラピストの状態」と概念化しているが内容的には「クライエントの目的・意志への共感と賛同」「期待に応じることへの迷いのなさ」、といった被受容感と関連するキーワードを含んだ概念が見出された。少なくともこの研究協力者の結果からは筆者が持っていた治療関係への仮説は支持されたといえるだろう。

　PAC分析はこの方法の適切性をよく検討して選ぶのであれば、研究者の主観という認知バイアスが混入しにくい信頼できる方法である。研究者としてのマナーを守りつつ、大いに活用してほしい。

---

注1　架空の単位を設定して項目間の単位を揃えること。単位の違いに意味があると考える場合は、しないほうがよい。

注2　クラスター内の平方和が最小になるように配慮する方法で、分類感度がよく比較的安定した解が得られる手法。

## 第8章
# 実際の研究例
―― 課題分析と合議制質的研究法との融合

足立英彦

## 1 はじめに

　本章では、課題分析と合議制質的研究法を援用して行った共同研究を紹介する。この研究の著者らは2012年の心理臨床学会において、口頭発表を行った（足立ら, 2012）。発表の題目は、「二項対立の面接場面におけるセラピストの肯定：合議制質的研究法による初期モデルの生成」（以下、『本研究』または『「二項対立」の研究』と表記する）である。この研究のプロセスに重点を置いて紹介し、研究の意義や反省点について検討することで、読者の方々が研究を行う際の参考としていただくことが本章のねらいである。読者の方々には、本研究の評価できる点は取り入れていただき、改善すべき点は反面教師として役立てていただくことを願って本研究を紹介する。

## 2 「セラピストの肯定」と「二項対立」

　まず、本研究の概要を説明する。本研究においては、**二項対立**と**セラピスト（以下 Th）の肯定**が重要な要素となっている。二項対立とは個人の中で二つの要素（欲求や思考、感情など）が対立している状態である。われわれは普段の生活の中で、AにしようかBにしようかと迷うことがよくあるが、それがここで言う「二項対立」の状態の最も単純な例であろう。本研究は、クライエント（以下 Cl）がこのような状態にある場面で Th がどのように Cl を肯定するのかに焦点を当てたものである。「Th の肯定」とは何か、またそれに関してなぜ二項対立が問題となるのかについて説明するために、

本研究の前年に行われ、本研究の土台となった Th の肯定に関する研究について簡潔に説明する。

## 2-1　前年に行われた研究について

「二項対立」の研究の前年に、筆者が参加する研究グループ（以下研究会と呼ぶ）は「Th の肯定的反応」の研究を開始した。「Th の肯定的反応」は、「Th による Cl への肯定的であたたかい反応」を指しており、来談者中心療法の共感や、家族療法のコンプリメント、弁証法的行動療法の認証・チアリーディング（Linehan, 1993）といった多様な概念を包含する幅広いカテゴリーとして用いている。Th が Cl に対して肯定的であたたかい態度で接することの重要性は従来より繰り返し指摘されており、心理療法の効果との関連も示されてきた。しかし、各学派の提唱する概念は、重なる部分も多分にありながら異なった部分もあり、どのように使い分けていくべきなのか明らかでない。したがって、Th がどのような意図を持って肯定的反応を使い分けているのかを学派の壁を越えた視点から探ることには意義があると考えられた。

　先行研究に関する以上のような検討に基づいて、オリエンテーションの異なる 2 名の熟練 Th に肯定的介入の意図を尋ねるインタビュー調査を行った（足立ら, 2011）。インタビューの際には、面接の逐語録および音声データを参照し、当時の状況を十分に思い出してもらった上で、介入の意図について詳しい説明を求めた。その結果、理論的立場の異なる臨床家同士の間では、心理療法の初期の段階では共通の意図を持ち、類似した肯定的反応を行っているが、面接の進展に伴って肯定的反応の意図や対象が異なってくることが示された。2 名の Th に共通に見られたのは、**関係づくりの肯定**と**否定による肯定**である。「関係づくりの肯定」とは、たとえば「大変な状況をよく乗り越えてこられましたね」といったように、Cl のこれまでの努力や苦労をねぎらったり、肯定的に評価したりする介入である。面接の初期の段階では、共感的理解を示すだけでは Cl から「冷たい Th」と受け取られてしまう危険性があることから、積極的に肯定的反応を行うという点は 2 名に共通していた。「否定による肯定」とは、Cl が「自分は全然ダメだった」など自己否定的な発言をした際に、「そんなことはない」といったようにその発言内容をあたたかく否定し、Cl の行動や能力を肯定する介入である。自己否定に対しては、Th は反射したり共感したりするのではなく、発言内容を否定

することによって Cl 自身を肯定しようとする場合があることが明らかとなった。面接の中期以降の段階では、肯定の意図や対象に差が見られた。一方の Th は、体験過程を促進する意図から Cl の感情を肯定するのに対して、もう一方の Th では適応行動を増進する意図から Cl の行動が肯定の主な対象とされていた。

以上の結果から、Th らは、Th−Cl 間の信頼関係が十分強固になっていない可能性のある段階では関係づくりの肯定を多めに行うことでラポールの強化に努め、Cl が自己否定的になり心理的エネルギーが不足している場合は否定による肯定を行うことで Cl の自己評価や自己受容を高めようとしていると考えられる。そして、信頼関係や Cl の心理的エネルギーといった土台を固めた上で初めて、変化を起こそうとする介入を使っている可能性が示唆された。このように、Th は Th−Cl 関係や、Cl の心理状態に応じて肯定的介入を使い分けていることが示された。

以上が Th の肯定に関する研究の概要である。ここで得られた知見をもとに、さらなる発展を目指して「二項対立」の研究が行われることになる。次に「二項対立」の研究が何を問題としているかについて説明する。

## 2-2　本研究の問題意識と目的

前年の「Th の肯定」に関する研究から、Cl を肯定することの重要性が示唆されたが、Cl の中で二つの要素（欲求や思考、感情など）が対立している場合は、一方を肯定することが同時にもう一方を否定することになる場合も考えられる。また、「否定による肯定」のように、Cl の発言を否定することがかえって Cl を肯定することにつながる場合もある。逆に言えば、Cl の発言を肯定することが Cl を否定することにつながることもあり得る。そのように考えれば、不用意に肯定すれば望ましくない影響が生じる可能性さえある。このような矛盾や対立をどのように乗り越えて Th は Cl を肯定するのだろうか。

Cl の中で二つの要素が対立している状況は様々な学派において重要なものとして注目されてきた。たとえば、精神分析においてはイドの欲求と超自我の間の葛藤として、来談者中心療法においては経験と自己概念が解離した状態として重要視されてきている。しかし、このような場面で肯定的な介入がいかに有効性を発揮するかは、明確にされていない。そこで、本研究では、Cl が二つの相反する選択肢や思考、感情、欲求を抱えている状態を「二

項対立の面接場面」と名づけ、そのプロセスについて検討することとした。

## 2-3 本研究が実践にもたらす意義

　このように特定の面接場面で起こるプロセスを明らかにし、モデル化していく作業は、臨床実践にとって価値がある。このようなモデルは、いわば地図のようなものであると考えられる。地図が存在しない場合には、目的地が見つかるまで自分で探し回るしかないが、地図があれば、無駄なく行きたいところに行ける可能性が高い。同様に、モデルが存在しない場合には、一人ひとりの臨床家が試行錯誤してゼロからモデルを作っていかなければならないが、モデルがあれば時間と労力を節約できるはずである。

　地図を作る作業は、世界地図、日本地図、都道府県の地図から家の間取り図まで、様々な規模で行うことができる。世界地図にも家の間取り図にも存在意義があるが、隣町の目的地に向かって、今どちらに進むべきかを判断する上ではほとんど役に立たない。目的に応じて、適切な規模の地図が必要になる。

　心理療法のプロセスも様々な規模で切り取ってモデル化することができる。心理療法全体を鳥瞰するようなマクロな視点にも、ごく狭い範囲（たとえば、Thの一つの発話）を詳しく見るミクロな視点にも存在意義があるが、あるセッションにおいて次にどのような介入をすべきかを判断する上では、その二つの中間に位置するような視点が最も有効性を発揮するだろう。目的に応じて、心理療法のプロセスを適切な規模で切り取ってモデル化していくことが求められる。

　ここでは、Thが次の介入を決定する際のガイドとしての有効性だけを考えてみる。切り取る範囲が大きくなればなるほど、高度な抽象化が必要になり、モデルの客観性や具体性を保つことが難しくなる。客観性と具体性の一方あるいは両方が限度を超えて低くなってしまうと、そのモデルはあまり役に立たない。また逆に、非常に小さな単位（たとえば、Thの一つの発話）だけを切り取ったりすると、文脈が失われて表層的な分析になってしまう危険性が大きくなる。表層的な分析から作られたモデルはいかに客観的で具体的であっても、やはりあまり役に立たないであろう。したがって、進むべき方向性を判断するためのガイドとして役立つモデルを作るには、大きすぎず、小さすぎない範囲を選び、客観性と具体性を保ちつつモデル化していくことが求められる。

このように考えて、本研究では、二項対立場面の面接プロセスを精緻にモデル化することを目的とした。そうすることで Th の肯定について理解を深めることができ、介入の改善にもつながる可能性があると考えた。

### 2-4　研究方法の選択 ── 課題分析と合議制質的研究法を参考に

本研究は面接プロセスの検討を目的としているため、数量的な研究方法ではなく、質的な研究方法が適していると考えられた。数量的な方法では、プロセスが持つ意義を取りこぼさずに面接の流れを詳細に吟味するのは非常に難しいためである。本研究では、1セッションの一部分にあたるようなプロセスを検討し、二項対立場面での Th の肯定的介入の様相をモデル化することが目的とされた。このように分析のターゲットとなるプロセスが比較的小規模であり、内容から他のプロセスと区別できる場合に用いられる質的研究の方法が、**課題分析**（本書の第4章参照）である。したがって、本研究にも課題分析が有効であろうと考えられたが、検討しなければならない点もあった。

典型的な課題分析の研究（たとえば Greenberg et al., 1996, 2002）では、通常 Cl 側の課題のみを扱い、Cl の表情、発言など外的に観察可能な指標を分析対象としてモデル化を進める。それに対して、今回のわれわれの研究では、Cl が二項対立を抱えているときに、Th はどのように Cl を肯定するかという Th 側の課題にも焦点を当てている。Th の思考など内的な状態を含めたモデルの作成を目指している点で、典型的な課題分析とは多少異なる。しかし、Th の思考を含んだモデルを作り、臨床場面をもとにそのモデルを検証し修正していくプロセス研究（Aspland et al., 2008）も発表されている。そのため、本研究においてもそれに倣い、モデルの中に Th の思考や介入を含めて今後の分析の土台となるモデル作りを目指していくこととした。

このようにわれわれの研究は、典型的な課題分析よりも幅広いプロセスを対象としており、表情、発言だけでなく思考も分析対象に加える点が異なっている。モデル化の対象とするプロセスの規模が大きくなることと、外的に観察可能な指標よりも内的状態を主に対象とすることは、どちらも分析の客観性の維持をより難しくする。したがって客観性を維持するためにより厳重な措置をとる必要があると考えられた。そこで、分析を一人の研究者が行うのではなく、**合議制質的研究法**（以下 CQR と略記）を参考として、複数の研究者が共同で分析を行うことで客観性を保つこととした。本書の第5章に

おいて詳細に解説されているように、CQRは、臨床家としての判断や直感を柔軟に使いながら、もう一方で複数の者が合意に達することによって客観性も担保することができる点が特徴であり、今回の目的に適合していると考えられた。

　CQRの代表例であるヒルら（Hill et al., 1996）の研究では、3名の分析者と2名の監査役を完全に独立させており、監査役は分析に参加しない。これに対して、われわれの研究では、研究会メンバーの臨床家としての経験や判断を最大限に活かすため、9名のメンバー全員が毎回のミーティングに参加することにした。厳密に言えばCQRに対して形式的な修正を加えたことになるが、われわれの研究でモデルの作成に関わった中核的なメンバーは2名であり、他のメンバーはそれに対して改善すべき点を指摘する監査役を果たしたといえるため、実質的な違いは非常に小さいと考えられる。ヒルら（Hill et al., 1996）の研究と比較するとわれわれの研究では監査役の独立性がやや低いかもしれないが、毎回のミーティングで臨床経験豊かな監査役メンバーの様々な意見を吸収することができ、分析者の分析がより豊かになるという収穫があったと考えられる。また、「話し合いをもつことによって、理解を深めて発展させ、もう一方で研究者間の合意を得ることによって客観性を確保する」（岩壁，2008）というCQRの中核的な特徴に関しては、かなり厳重に実行されており、今回の実施方法の微調整のデメリットは非常に小さく、得るものが大きかったと考えられる。

　藤岡（2013：本書第5章）はCQRにおける作業の過程を〈個々人での作業〉〈主要メンバーでの合議〉〈監査との合議〉という3つの構成要素に分けて整理した。読者の理解を助けるため、これ以降本章では藤岡が考案したこれらの用語を用いて研究の過程を大まかに分類し、各作業に相当する部分に下線を引いたうえで、以下の記号で示すことにする。

表8-1　研究のプロセスを分類する記号

| 記号 | 意味 |
| --- | --- |
| 👤 | 個々人での作業 |
| 👥 | 大まかに分類すると「主要メンバーでの合議」と考えられる作業 |
| 👫 | 大まかに分類すると「監査との合議」と考えられる作業 |

## 3　研究の開始

### 3-1　大まかな流れ

以下の表8-2に研究の全体的な流れについて簡単にまとめた。この研究に関わった期間は2011年10月からの1年間である。参加したのは、研究会に所属する9名（大学教員4名、臨床家1名、博士課程の大学院生4名）であり、全員がプロセス研究・質的分析に関して1年以上の研究歴を持っていた。およそ月に1回約2時間の会合が持たれ、期間中に全13回のミーティングが行われた。次に、それぞれのステップをさらに詳細に見ていく。

**表8-2　「二項対立の面接場面におけるセラピストの肯定」に関する研究の流れ**

| 年 | 月 | 研究会の活動内容 |
|---|---|---|
| 2011 | 9 | 「Thの肯定」に関する学会発表 |
|  | 10〜11 | 新たな研究の開始／研究の方向性を検討　→　肯定をテーマとすることが決まる |
|  | 12 | 肯定に関する課題分析的な研究をすることが決まる |
| 2012 | 1〜2 | 二項対立の面接場面における肯定の課題分析を行うことが決定／事例の収集 |
|  | 3 | 事例の分析／モデルの作成／学会発表申込み |
|  | 4〜8 | さらに詳細な議論／発表資料の作成／内容や構成について検討 |
|  | 9 | 「二項対立の面接場面におけるThの肯定」に関する学会発表 |

### 3-2　テーマと分析方法の決定

第1回（10月）のミーティングにおいては、前月の学会発表の総括と反省が行われ、次なる研究に向けた話し合いがスタートした。次回までに、自分の興味のある研究の大まかな計画を練ってくることが宿題とされた。このように宿題とすることで、個々のメンバーは考えるための時間を得ることができ、ミーティングの時間中にのみブレーンストーミングを行うよりも、良いアイディアが出てくる可能性を高めることができると考えられる。第2回（11月）には、各メンバーから以下に示すように様々なプランが出揃った。

◎研究計画案の一部
（紙幅の制約上、大幅に文字数を削減したためわかりにくい部分もあるが、アイディアの多様性が伝われば十分であると考えた）
- Th の迷いポイントに関するインタビュー調査
  → 臨床場面でどのような介入をすべきか迷うポイントについて Th にインタビューを行い、分析。
- Th と Cl の理解のズレに関するインタビュー調査
  → Th（や Cl）にインタビューを行い、Th と Cl の理解のズレが起こった面接場面について検討。
- 良い面接と失敗した面接についての研究
  → 複数の面接の動画データを用いて、変化の大きかった面接と、小さかった面接を様々な指標（例：Th や Cl の発話数・発話量、質問紙の回答など）から比較。
- IPR（Interpersonal Process Recall）を用いた肯定に関する Cl インタビュー
  → 試行カウンセリングの Cl に対して IPR を用いたインタビューを行い、Cl 視点で「肯定された」と感じる場面や介入について分析。
- 肯定場面の課題分析
  → Th が Cl を肯定している場面を集め、課題分析。

以上のように幅広いテーマが提案され、前年から研究が始まった Th の肯定を引き続きテーマとすることが決まった。第4回（翌年1月）には Th の肯定に関する課題分析を目指していくことが決定した。

次回までに、課題分析の案を持ち寄ることが宿題とされた。

## 3-3 研究計画案とモデルの策定

第5回（2月2日）の研究会で提出された様々な企画案の一部を以下に示す。

◎課題分析の研究計画案の一部
（紙幅の制約上、大幅に文字数を削減したためわかりにくい部分もあるが、アイディアの多様性が伝われば十分であると考えた）

- メタファーを用いた肯定によってClの自己理解が深まる場面のモデル化
    → Clが内省的に自己理解を深めようとしているときに、Thがメタファーを用いた肯定的反応により介入する場面のプロセスをモデル化。
- 嫉妬（あるいは妬み）への肯定介入のモデル化
    → Clが自らの嫉妬や妬みの気持ちを言語化し、その裏にある陰性感情（例：怒りなど）を表出するのをThが肯定的反応を用いて促進するプロセスをモデル化。
- 二項対立の面接場面において、ThがClを肯定するプロセスの課題分析
    → Clが二つのもの（思考や感情、欲求など）の間に挟まって苦しんでいるときに、Thが双方に対してバランス良く肯定的反応を用いた介入を行い、新たな捉え方（新しいナラティヴ）を提案することでClを肯定する場面について課題分析。

　以上のように様々な肯定に関する場面が提案され、協議の結果、二項対立場面の肯定に決定した。肯定に関して、前回の研究を一段深いレベルに掘り下げるような研究になる可能性があるということでこのアイディアが選出されたと筆者は記憶している。以下の表8-3に、最初に提案されたモデルの素案を示す。この段階ではまだ非常に荒削りでいろいろと問題のあるモデルで

**表8-3　二項対立の面接場面においてセラピストが双方をバランス良く肯定し、新たな捉え方を提案することでクライエントを肯定する課題**（当初の発案者の案）

| ステップ | 具体例 |
| --- | --- |
| ①Clが辛い状況について話す | Cl：「親から、今の彼女と結婚するならば親子の縁を切ると言われている。彼女と別れて親と和解するか、親と訣別して彼女と結婚するか。どちらを選んでも辛い。」 |
| ②Clが二つのものの間に挟まって苦しんでいることの指標（二項対立：AかBか） | A：親と和解するために彼女と別れる<br>B：親と縁を切って彼女と結婚する |
| ③Thは双方の思いにバランスよく肩入れ（肯定的な反応）をする | Th：〈親を大切にしたい気持ちと、彼女を大切に思う気持ちは、どちらも大切な○○さんの気持ちだと思う（→AとBの双方を肯定）。〉 |
| ④ThがAとBの弁証法的対立を止揚するような新しいナラティブ（新しい捉え方・新しいストーリー）を提案することでClを肯定する | Th：〈どちらを選ぶかではなく、その2つの気持ちの間でどう折り合いをつけていくかが今の課題なのではないか。〉 |
| ⑤Clの不安が低減し、現実の生活への動機づけ、面接への動機づけが高まる | Thから、今考えている二者択一以外の道を探ってClらしい道を見つけることを提案し、もう少し時間をかけて考えるため、来談を継続することになる。 |
| ⑥第三の道を行くためにカウンセリングでは何をするかについて話し合う | |

あるが、これをたたき台として議論が進められ、モデルが作られていくことになる。表8-3の具体例は、親から結婚に対して強硬に反対されている20代男性の事例である（プライバシー保護のため改変してある）。

　グリーンバーグ（Greenberg, 2007）の純金サンプリングの考えをもとに、研究会メンバー9名が文献や過去に担当したケースから Th の肯定的介入が効果的に行われている二項対立の面接場面を見つけることになった。2月中に再度会合を持つこととなり、それまでに各自一つずつ面接場面を見つけてくることが宿題とされた。

　次の研究会までに、研究会のメーリングリスト（以下 ML）上でメンバーの一人から問題提起があり、「何をもって肯定とするのか」「ある発話が肯定かどうかを誰の視点から決めるのか」が話し合われた。その結果、「肯定かどうかを判断する視点として、Th の視点、Cl の視点、第三者の視点という3種が考えられる」こと、および「肯定について考える上で、肯定の意図（目的）、対象、方法（手段）という三つの要素（つまり、何のために、何を、どのように肯定するか）に焦点を当てる必要がある」ということが共有された。前年の活動の中でも近い内容の指摘がなされていたとは言え、考えていくべき材料を再認識したという点で議論や理解の深まりに寄与したと考えられる。

## 3-4　事例データの収集と分析方法の再検討

　第6回（2月20日）のミーティングで研究会メンバーが持ち寄った二項対立の面接場面に関するデータには、以下に挙げるように非常に多様な臨床場面の素材が含まれていた。

- 書籍や論文など出版されている文献からとった逐語録
- 公刊されている臨床心理面接場面のビデオから収集した逐語録
- 提供者が録画データを保存している逐語録
- 提供者が録音データを保存している逐語録
- 提供者が担当している事例のプロセスノート（Th が面接中あるいは面接後につける面接内容の記録）をもとにまとめた記述
- 事例検討会で見聞きしたケースの流れをメモしたもの

　情報ソースも多様であったが、内容も様々なデータが収集された。以下に

そのごく一部の例を示す。

- 「死にたい」気持ちと、「でも両親を悲しませたくないし、やれるかなという思いもある」という気持ちを抱えている Cl に対して Th が「死にたい」気持ちのほうをじっくり丁寧に聴いていくことで Cl が気力を取り戻し始める面接場面の逐語録（佐治, 1985）
- 「職場の上司に怒りをぶつけたい」という思いと「自分で抱え込むしかない」という思いに挟まれていた Cl に、その場でぶつけるというやり方以外の方法を考えるよう Th が提案した場面の逐語録（水島, 2009）

　これらの事例は、研究会メンバー全員がこれまでに様々な形で触れたことのある事例すべての中から、「二項対立と Th の肯定」というテーマに適合するプロセスを思いつく限り抽出した結果、集められたものである。このような方法をとることで、データの質には多少のバラつきが出るものの、データ収集を行う研究者が 1 人ではなく 9 人であることの利点を最大限に活かし、短期間に多くの事例を収集することができる。個々の事例について紹介者が発表し、事例検討に近い作業が行われた。
　データを集められそうな見通しが立ったことから、心理臨床学会における口頭発表を目標に二項対立の面接場面に関する課題分析を目指していくことが決まった。また、データの分析は合議制質的研究法（Hill et al., 1997）を一部修正して用いることとなった。
　複数の事例に共通する Th の介入の中心的要素と Cl の反応を抜き出すという、課題分析の初期モデル（論理モデル）作りの作業が始まった。第 6 回の研究会の宿題は「さらに二項対立の面接場面のデータを見つけること」であった。最終的には16の面接場面が収集され、それをもとに分析が進められることになる。

## 4　モデルの完成に向けて

### 4-1　事例の分析と修正版モデルの提案

　第 7 回（3 月 2 日）の研究会では、集められた事例と前回の議論を踏まえて筆者が作成した修正版のモデルを監査役のメンバーに発表した。表8-4に

**表8-4 二項対立の面接場面におけるセラピストの肯定プロセスモデル修正版**

| ステップ | 備考 |
| --- | --- |
| ① Cl が辛い状況について話す | |
| ② Cl が二つのものの間に挟まって苦しんでいることの指標（二項対立：A か、B か） | どちらにも行動がとれず行き詰まっていることの指標 |
| ③ Th が Th の中で葛藤を分類する | |
| ④ Th は双方の思いにバランスよく肩入れする<br>両方について Cl に語ってもらい、双方に対する Cl の認識や評価を精緻化する | （1） 望ましいものははっきり肯定<br>（2） Th にとって望ましくないものは共感・認証（そう考えるのも当然・妥当・普通）<br>（3） 望ましくない要素の中に望ましい要素を見つけ出して肯定 |
| ⑤ Cl の中で矛盾が拡大（明確化・焦点化）される | 二つの要素の対話が Cl の中で進行する |
| オプショナル：Th が第三の道を提案する | このステップは存在しない場合もある |
| ⑥ 妥協・調整 → 新たな行動方針 | |

そのモデルを示す。当初のモデルと比較して新たに修正された点に焦点を当てて説明する。集められた事例から、二項対立の双方の要素に対する Th の扱い方は事例ごとに異なることを筆者は確認した。A 対 B の葛藤がある際に、A や B がどのようなものか、A と B がどのような力関係や位置関係にあるか、といったことを Th はアセスメントし、その結果に基づいて A と B のそれぞれに対する反応を決めているのではないかと考えた。そのため、第3ステップが加えられた。

　繰り返し複数の事例を読み込む中で、Th はどのように対応を使い分けているかを考えてみると、仮説を作る種になりそうなアイディアが思い浮かんだ。Th から見て望ましいものに対しては、「それは素晴らしいことですね」といったようにはっきりと価値を認め、肯定するのに対して、Th から見て最終的には減ったほうがよい要素（たとえば、「死にたい気持ち」）に対しては、「死にたいと思うくらい辛い気持ちなのですね」といった共感や、「その状況で、そのように考えたのならばそういう気持ちになってしまうのも当然かもしれない」といった認証（Linehan, 1993）を行う、という可能性である。

## 4-2　研究会メンバーとのモデルに関する合議

表8-4のモデルに対して監査役のメンバーから提出された様々な批判や疑問の一部を以下に挙げ、それへの対応もあわせて記述する。

①辛い状況や苦しんでいる状況に限定する必要はないのではないか。
　【対応】筆者は、「二項対立」というだけでは、あまりにも多種多様な場面が含まれ、扱う範囲が幅広くなりすぎるため、Clがどちらにも進めなくなって苦しんでいるという指標で限定したほうがよいと考えてモデルを作成した。しかし、「そうすると狭い範囲に限定されすぎて深みがなく、当たり前のモデルになってしまう」という指摘があった。そのため、「辛い状況」や「苦しんでいる」といった指標で限定せず、Clの中に対立があることにCl自身が気づいていないケースも含めて検討していくこととした。

②二項対立の片方の要素に対してしか肩入れ（肯定的反応）をしない場合もあるのではないか。したがって「双方に肩入れする」という表現は修正したほうがよいのではないか。
　【対応】家族療法において「多方面への肩入れ」という用語があり（Goldenthal, 1996；平木, 2003など）、家族合同面接において複数の参加者に対して偏りなく共感や肯定を行うThの態度を指している。それは参加者のそれぞれに対して量的に等しい肩入れを行うということではなく、必要なところに必要なだけ肩入れをするということを意味している。家族合同面接で、特に立場の弱い人に対して肩入れをするケースもある。そのような意味合いで用いるのであれば、修正は不要ではないかという意見が出され、「双方にバランスよく肩入れ」という表現は採用されることになった。

③第4ステップの備考に書かれている対応について、データとの照合が不十分なのではないか。
　【対応】「このような場合分けは大変興味深く、自分が臨床で行っていることと符合していると感じる」という意見もあった一方で、どれだけデータに基づいて引き出された記述なのか、ということに関して疑問が提出されたため、保留にすることになった。

　以上のように、一部のメンバーによる概念整理とモデル化が行われ、その

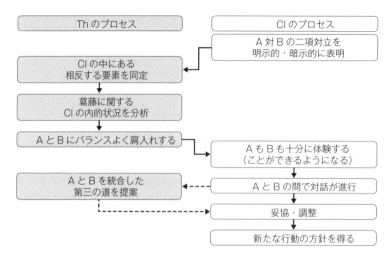

**図8-1 二項対立の面接場面におけるプロセスモデル**

他のメンバーによる改善点の指摘に基づいてモデルを改訂する作業が繰り返し続けられた。このようにモデルを洗練させていくために、ML上でも活発な議論が交わされた。参考となる重要な文献はMLで共有され、メンバーがそれに目を通した。

他に、Clの感情の変化を重点的に扱うモデルや、ステップ数を四つに減らしたモデルなども代替案として提案された。感情を重視する学派のケースだけでなく、様々な学派の臨床実践を分析できるようなモデルを目指すため、前者のモデルは採用されなかった。後者のモデルの特徴は、これまでのモデルに取り入れられて統合された。

### 4-3 モデルとプロセス図の完成

修正を繰り返す中で、ThとClのプロセスを分けて示す工夫も付け加えられた。筆者が作成した複数のプロセス図の候補をもとに監査役と協議し、わかりやすさと有用性の観点から絞り込み、最終的に図8-1に示すようなプロセス図が完成した。

以下に、臨床場面での具体例を添えて図8-1のモデルの各ステップについて説明する。具体例として取り上げたのは、完全不登校状態の男子大学生の事例（プライバシー保護のため、多少の修正を加えている）である。

| Cl | A対Bの二項対立を明示的・暗示的に表明 | Cl：「大学に来られていない。資格の学校も途中でやめてしまった。何もやる気がしない。大学も全然行けてないなら退学したほうがいいと思う。このままじゃダメなのは分かっているんですが……。結果を出さないと。両親にも学校に行けと責められている。」 |
|---|---|---|
| Th | Clの中にある相反する要素を同定 | Th：〈何とかしなければとは思うけど、やる気が出ない。辛いですね〉 |

「やる気がしない」という発言と、「このままじゃダメ」という言葉に相反する思いが表れており、Th はその双方を伝え返している。

| Th | 葛藤に関するClの内的状況を分析 | A：もっと努力して資格をとるなど結果を出さなければならない<br>B：勉強にもついて行けないし、もう何もかもやめて休みたい |
|---|---|---|

この部分はデータに直接は表れていないが、後続の肯定的介入から、Thがこのような整理を行っているであろうことが想定される。最初のステップにある「両親から責められている」という Cl の発言から、両親とも A の立場をとり、Bの立場を否定しているであろうこともうかがい知れる。Bの立場には味方がいない。

| Th | AとBにバランスよく肩入れする | Th：〈結果を出そうという向上心があるからこその苦しみだと思う。(**A を肯定**)〉<br>Th：〈休むべきときにはしっかり休む勇気は、これから実力を高め、結果を出していく上では絶対に必要な要素(**B を肯定**)〉<br>(**B を多めに肯定**) |
|---|---|---|

「結果を出したい」という思いも、「休みたい」という思いもどちらも Cl にとって意味や価値のある要素であるとして、Th は Cl を肯定している。その際、味方がいないように見受けられる B のほうをやや強めに肯定していると考えられる。

第 8 章　実際の研究例

| Cl | AもBも十分に体験する（ことができるようになる） | Cl：「高校も不登校だったので、資格をとって挽回したいという気持ちがある。本当にその資格が欲しいのかというと分からない。（Aについて内省）<br>でも、資格の学校で続けていくのは無理だった。無理に頑張りすぎていた。（Bについて内省）」 |
|---|---|---|
| Cl | AとBの間で対話が進行 | Cl：「何もやっていない自分を評価できない。週1回のバイトだけは続けている。でも相当無理してエネルギーを出さないと行けない。できれば大学は退学したくないけど、やる気が出ないからどうしたらいいか。」 |

ThからAとBの双方を肯定され、Clのエネルギーが少し回復したために、自分を振り返る余裕が生まれていると考えられる。ClはAの気持ちの中身を見ようとし始める。また、Bの気持ちにも妥当な部分があることを認めようとしている。その後、「もっとやれ」というAの側と、「できない、苦しい」というBの側の間で意見交換が起こっている様子がうかがえる。

| Th | AとBを統合した第三の道を提案（オプショナル） | Th：〈全部やるか、全部やめるかのどちらかにするのではなく、あらゆる可能性を考慮に入れて最も良い戦略を考えていくのがいいのではないか。〉 |
|---|---|---|

このステップはオプショナルであり、存在しない場合もある。この事例では、退学するか、それとも全授業に出席してバイトも頑張るか、という両極端な二者択一に追い詰められていきがちなClに対して、Thは他にも選択肢があるかもしれないということを伝えている。

| Cl | 妥協・調整 | Cl：「資格の学校を辞めたのは仕方なかった。無理してアルバイトに行くのですごく疲れてしまう。今は疲労回復に専念したほうがいいのかも」 |
|---|---|---|

Clの中で、折り合いをつけていく作業が進行しているように見える。Aの側が譲歩し、AとBの合意へと近づいている様子が表れている。

| Cl | 新たな行動の方針を得る | Cl：「とにかく今疲れ切っているので、バイトもしばらく休ませてもうらことにします。休学をはさみながらでも大学は卒業したい。」 |
|---|---|---|

「バイトは休む」「大学はやはり卒業したい」といった選択が明確になり、Clの中で優先順位が再調整されている場面ではないかと考えられる。

男子大学生の事例については、以上のようにモデルの各ステップに落とし込むことができる。

### 4-4　モデルの臨床事例との照合

図8-1のモデルが完成した後で、個々のメンバーは、それぞれ自分が見つけてきた事例についてこのような作業を行った。つまり、<u>それぞれの事例でAとBにあたるものは何なのかを文章に表し、モデルの中の一つひとつのステップにはClやThのどの発言が当てはまるかを考え、整理する作業を行った。</u>このような作業を行うことで、各事例がモデルに当てはめて考えられるかどうかを確認するねらいがあった。同時に、複数の事例はどこが異なるか、違いを生み出すのは何か、といった次なる検討課題への準備作業ともなっていた。

### 4-5　モデルの精緻化

集められた事例に共通する要素を抽出することでモデルが完成した。このモデル図をより臨床的に応用可能性の高いものにするため、個々の事例の共通性ではなく独自性の部分に目を向け、モデルを精緻化していくことになった。全事例を抽象化していくことでモデルが生み出されたわけだが、今後はそのモデルをより具体化していくことで有用性を高めようというねらいである。

個々の事例で顕著に異なっており、臨床家として関心が高いものとして、「AとBにバランスよく肩入れする」というステップが選ばれた。このステップに注目して二項対立の場面をいくつかの下位グループに場合分けしていくこととなった。Thの対応に着目して事例を分類した結果、以下の四つの異なる対応が見出された。このうち④だけは①〜③のいずれかと組み合わせて用いられることもある。

①双方を肯定する
②一方を他方より多めに肯定する
③一方を否定することで他方を肯定する
④AとBを統合した第三の道を提案する

それぞれについて、事例に当てはめて説明する。まず、①と④については、表8-3で紹介した、両親から結婚に反対されている男性の事例が好例である。この事例では、Thは①を行った後に、④を行っている。また、②については、4-3節で紹介した、不登校状態の男子大学生の事例が当てはまる。Thは「休みたい」という気持ちのほうを幾分強めに肯定している。③については、冒頭で説明した「否定による肯定」の例が当てはまる。たとえば、「自分はダメ人間。全然できなかった。」というClの自己否定的な発言があった場合、Clは二項対立の一方しか表明していないが、Thは対立する要素として自己肯定感を想定し、それを強めようとする。そのため、「そんなことはない。よくできていた」といったようにClの発言を否定することで、自己肯定感のほうを肯定していると考えられる。

## 5　考察

### 5-1　本研究から示唆されたこと

二項対立の面接場面においてThは場合に応じて異なる対応を使い分けていることが示された。否定による肯定に典型的に見られるように、ThはClの考えや感情すべてを肯定するのではなく、一方を否定したほうがClの自己肯定が強まる場合は、否定する。このことから、Clの発言や考えを肯定することよりも、Clの自己肯定感を高めることのほうを優先しており、Thの介入の結果Clの自己肯定感が高まるよう対応を調整していると考えられる。

二項対立の面接場面において、Thが一方に多めに肯定的反応を行っている事例を詳細に検討してみると、Thが多めに肯定しているのは社会的に望ましくないと思われる気持ちである場合が多かった。たとえば、佐治（1985）の事例におけるClの「死にたい」気持ちや、不登校大学生の「何もやる気がしない」気持ちなどである。Clの中に社会的に望ましい気持ちと社会的に望ましくない気持ちの対立がある場合、前者の側には社会や周囲の他者が味方についており、強力に肯定されている。このような状況で、それと反対の気持ちを持つClは、自分は社会的に評価してもらえないと考えて自己否定を強めてしまう可能性が非常に高い。そのようなClの自己否定を和らげ、自己肯定を強めるために、Thは味方のいないほうを多めに肯定し、Cl

の自己肯定をサポートしているのではないかと考えられる。以上のように、対立する二つの要素のそれぞれをどのように扱えばClの自己肯定を強められるかという視点が、二項対立の場面においてThが対応を選択する基準の一つとなっている可能性が示唆された。

　本研究では、事例から抽出された要素と、研究会メンバーの臨床経験から抽出された要素を統合し、二項対立の面接場面でThが肯定的に介入する際に生じているプロセスの初期モデルを生み出し、そのモデルを事例との照合によって洗練させることで今後の研究の発展の土台を築くことができた。また、二項対立の面接場面におけるThの肯定的介入に関して4種類の分類カテゴリーを生成し、それぞれのカテゴリーについて今後さらに細かい分析を行うための枠組みを提供した。

　心理療法のプロセスのモデルは、個々の臨床家が、先人の文献やスーパーヴァイザーからの教え、他のThの事例、自らの臨床経験と対話する中で吟味を繰り返して形成していくものであろう。今回のわれわれの研究は、このような一人の心の中で行われている作業を外在化させ、複数のメンバーによってより系統的、組織的、客観的に、より厳密に行ったものであると言うことができる。その意味では、普段、臨床の現場で行われている作業と非常に近く、臨床と研究の橋渡しを活発化させていく上で、このような研究方法は有望なのではないかと考えられる。

　今回作られたモデルは、このようなモデルをまだ完成させていない初心の臨床家にとっては、モデル作りの試行錯誤を節約し、スキルアップを加速化するものとなり得る。また、このようなモデルが心の中ですでに完成されていたベテランや中堅の臨床家にとっては、自分は臨床場面で何をどのようにやっているのかを振り返って再確認し、さらに良い対応を考えていくための比較対象の材料を提供するのではないかと考えられる。

　複数事例から得られた情報を抽象化してモデル化する過程においては、個々のデータの具体性が失われて平均化され、新鮮味のない分析結果になるという落とし穴が存在する。ここに紹介したわれわれの研究がどれだけそれを免れているかは読者の皆様のご判断次第である。われわれの研究が、今後非常に有用なモデルを構築し、臨床活動をさらに洗練させていくための土台となれば幸いである。

## 5-2　今後の課題

　本研究では録音や逐語録のないデータも活用されており、事例を紹介した者のバイアスがかかっている可能性がある。今後は録音や録画などの、より情報量の多いデータを用いてモデルを検証・修正し、精緻化していく必要がある。また、「第三の道を提案する」という介入に関しては、データの数も少なく、意義についても十分に検討することができなかった。今後さらに事例の数を増やし、どのような場合に有効であるのかを検討していくことが望まれる。さらに、本研究は課題分析を援用したが、課題分析のごく一部にあたる作業を完了したにすぎない。残りの部分についても分析を進めていかなければならない。

# 6　おわりに ── この研究をした経験に関する所感

## 6-1　研究参加者自身の臨床家としての成長に対する貢献

　研究会で行われた、事例のプロセスや Th の介入について臨床家の合議によって吟味していく作業は、事例検討会で行われる作業と非常に近い。われわれの作業では事例数や検討の回数が多いため、通常の事例検討会以上に議論が深まったと思う。メンバーそれぞれが自分の臨床実践を言語化し、討議することから、非常に多くを学ぶことができた。このような研究であれば、研究の成果だけでなく研究を行うプロセス自体が、研究参加者の臨床活動の向上に役立つと感じた。

## 6-2　共同研究の留意点 ── 生産性を高めるために

　研究会の会合は月に1回、2時間と限られていたため、MLや宿題の活用が作業や議論を前進させる上で非常に有効であった。また、毎回のミーティングは、前回から1ヵ月経っているので、前回議論した内容の記憶が薄れてしまうことを防ぐために、議事録を詳細に残し、メンバー間で共有することが役立った。

## コラム　臨床データ取得のコツ

　このコラムでは、本書で紹介されている数々の研究実例で扱われているような臨床データのなかでもとくに録音・録画データについて、その取得のコツを紹介する。臨床的質的データには、これ以外にも簡単な質問紙、クライエントへのインタビュー、日記や手記などがあるが、それは誠実にお願いすれば比較的実現されやすい。そこで、最も困難度の高い録音・録画に絞って解説したい。

■録音・録画って可能なの？

　先日、アメリカで開かれたワークショップに参加した。そこでは講師陣が全員、自らのセラピー場面をビデオ録画で見せてくれる。また、このコースの次のステップの一つにセッションを録画したものを使ってのスーパーヴィジョンがあるということも、参加者全員がわかっていた。

　そこでの休憩時間に最初の雑談として語られたのが、アメリカの参加者の「セッションの録画どうしてる？」というものだった。みんな苦しんでいる様子だった。そこで筆者が「僕の場合、料金を割引したり、選りすぐったクライエントにだけ頼んだりいている」と答えたところ「なるほど。割引っていいアイデアだね」と素朴な（？）反応が返ってきた。

　国際学会や研修会では、当然のように録画ビデオが上映されるので、欧米ではもはや録画は普通のことと思っていた。だからこれは新鮮な驚きだった。しかも、このやりとりはその後も別のメンバーと複数回交わされた。皆さん相当に困っているらしい。

　実際に日本でも、ヴァイジーのセッションの本当の様子を知りたいと思って、録音・録画を提案しても、そもそもクライエントに依頼するまでのためらいが相当にある。けれども、録音だけでもあるとセッションの雰囲気がよく分かって、それまで紙資料とヴァイジーの言語報告にのみ頼っていたスーパーヴィジョンが格段に正確なものになる。クライエントは想像するよりもずっと抑うつ的なしゃべり方だったり、甘えた口調だったりすることもある。セラピストはセラピストで、報告よりもずっと早口だったり、一本調子だったりすることが多い。

　やはり、多少の障壁を乗り越えてでも、録音・録画する価値が大きいというのが、最近の私の率直な感想である。

■録音・録画ってしてもいいの？

　上記のような印象を抱いて帰国したところ、ツイッターを覗いていたら精神分析を実践している若手の友人たちが「そもそもセラピーを録音・録画したらクライエント－セラピスト関係が変わってしまう」というやりとりをしていた。これは以前から何回もあちこちの会合で論争となった話題でもある。精神分析の専門家は「録音・録画も陪席も一切許されない」とする主張が多いし、ロジャース派（来談者中心療法）の年配の先生方は「昔は録音していた」とおっしゃる場合も多い。

　私自身は録音・録画を歓迎しない風土の中で臨床家としてのトレーニングを受けてきたが、臨床経験25年を過ぎたあたりから、研究のために録音・録画をするようになった。実際にやってみると関係性はそれほど変わらない。そればかりかセラピスト側には適度な緊張感が加わり、クライエント側には「大切にされている」感覚が強まるのではないかと感じられる場合が多かった。また、セラピストとしては録音・録画を聞き返すだけで相当の「セルフ・スーパーヴィジョン」効果が生じた。

　このようなプラスの効果は、後のクライエントへのインタビューでも、さらには毎セッション後に実施している「作業同盟尺度」[注1]のアセスメントでも、クライエント側からの強い信頼感と、さらに「セラピストは私のことを好いていると思う」という項目が、常に高得点であることからも確かめられている。

　さらには、クライエント側の要請や時にはセラピスト側からの配慮で、一時的に録画を停止してみたこともあったが、「特に変わりないです」とクライエントから言われた経験も複数ある。

■依頼の仕方

　しかしながら、録音・録画を断られることもある。そして、依頼することそのものが、関係を一時的に危うくすることもある。とくに公務員や教員など、公的性格の強い職業に就かれているクライエントには、お願いするべきではない。また、クライエントの抱えているトラウマの性質によってはもちろん、お願いするべきではない。さらには、病状やパーソナリティのために一貫した主体的な判断ができなくなっている場合や、セラピストとの関係性で「ノー」と言いにくくなっていることが推測される場合にも、依頼するべきではないだろう。

　そのあたりが大丈夫そうだと思えたら、できたら初回面接の終わりごろに録音・録画のお願いを、まずは口頭で丁寧にして、同意書をお持ち帰りいただくなどして検討をお願いする。同意書は、右のようなものを丁寧に説明しながら提示する。

**録画ならびに研究使用の同意依頼書**

　私はあなたの心理療法における取り組みと経過を録画させていただき、主にセラピストの介入とその効果について部分的に分析する形によって専門家に伝えることで、結果的に多くの心の悩みを抱える人の利益につなげたいと考えております。
　つきましては以下のような形での録画と使用にご賛同いただき、同意書にご署名いただきますよう、心よりお願い申し上げます。

　　　　　　　　　　　　　　年　　　月　　　日
　　　　　　　　　　　　　　臨床心理士　第　3800号　福島哲夫


**同意書**

　この度、私は、以下の事項を条件に、私の心理療法の録画記録を部分的に分析したものが臨床心理学関連の学会発表および論文・著書発表において使用されることに同意します。

1. 住所・氏名・生年月日などの個人情報が開示されることは一切ない。
2. 年齢・職業・出身地・出身学校・家族構成などの情報はある程度の変更を加える。
3. 当分析結果が学会発表や論文・著書発表などにおいて使用されることにより、心理療法家の技術向上に役立てられ、それが結果として多くの心の悩みを抱える人の利益につながるよう最大限の努力をする。
4. 当分析結果を上記「3」の目的以外に使用しない。
5. 画像・音声データは限られた専門家や大学院生のみが分析するためにのみ視聴し、厳重に管理する。
6. 録画を中断もしくは、部分的に不使用の希望があった場合は、遠慮なく申し出て、その後もそのことによって不利益を蒙ることのないようにする。

　　　　　　　　　　　　　　年　　　月　　　日
　　　　　　　　　住所
　　　　　　　　　氏名

私の場合は、研究使用のための同意書となるが、これにスーパーヴィジョンを加えてもいいだろう。「同じような問題に苦しむ人に役立てるために、おもにセラピスト側を分析する」という事実を真摯に伝えることで、多くのクライエントが同意してくれることにつながる。
　このように配慮すれば臨床データはそれほど困難なく得ることができ、それを心から大切に扱うこともできる。
　なお、データの管理保管に厳重を期することは、当然のこととして、申し添えておきたい。

福島哲夫

---

**注1**　出典は以下である。
　Horvath, A. O. & Greenberg, L. S. (1989) Development and validation of the Working Alliance Inventory. *Journal of Counseling Psychology, 36*, 223-233.
　以下の著書にも解説がある。
　Cooper, M. (2008) *Essentioal research findings in counselling and psychotherapy: The facts are friendly*. London: Sage.〔M・クーパー／清水幹夫・末武康弘（監訳）(2012)『エビデンスにもとづくカウンセリング効果の研究：クライアントにとって何が最も役に立つのか』岩崎学術出版社〕

# あとがき

　本書の編者である福島は、30代の一時期「もう研究はやらずに臨床だけに専念しよう」と決めたことがある。当時日本での臨床心理学の研究と言えば、単一事例研究か心理検査データによる研究、そして質問紙研究が主なものであった。それらは臨床の難しさとやりがい、そして成果を実感しつつあった当時の私には、それほど魅力のあるものとは思えなかった。反対に臨床に専念することは充実感にあふれたものだった。クライエントたちと心理的に深いところで触れあい、それが結果的にお役にも立っている実感が何ものにも代えがたいものだった。

　ただ、そんな実感も数年もするうちに、何となく「日々の臨床に追われている」ような閉塞感や停滞感も伴うようになってきていた。夏休みも正月休みもごくわずかにして、それ以外はたくさんのクライエントさんたちと向き合うことに不満はなかったが、クライエントさんたちと成し遂げた成果や発見が「形に残らない」点にかすかな不安を感じていたと言ってもいかもしれない。

　そして、さらに40代で大学の専任教員になったときに「卒論・修論で何とか臨床に近づけたものを指導できないか」とおおいに悩んだ。

　このような30代の思いも40代での悩みも、どちらも「臨床と研究の乖離」から来ていたと思う。前者は「研究をしてもその成果を臨床に使えない」「臨床の成果を何らかの科学的知見として集積できないものか」という苦しみであるし、後者の悩みは「臨床にできるだけ近づけた研究をしないと、臨床力は身につかない」というものである。

　それらの唯一の解決が「臨床的質的研究」であった。木下康仁先生のM-GTA研究会のメンバーとして、あるいは後に世話人として、継続的に参加させていただくうちに、質的研究のエッセンスも方法論的な位置づけもおぼろげながらにわかってきた。そして、さらにそこで学ばせていただいたものを中心に「心理臨床の場で得たデータで、心理臨床にそのまま生かせる研究」という限定付きで、学部生や院生、そして若手研究者たちと考える作業を進めていくうちに、本書の基本的なアイデアが浮かび上がってきた。

また、このような新しい本は大先生ではなく、「中」先生と若手の先生とで書くべきだとも思った。執筆陣は全て、私を除いて、今後の飛躍が大いに期待される方々である。

　新曜社の担当編集者の森光さんも、執筆陣と同様若手のホープである。昔のよしみで塩浦社長にも途中で少しご助力いただいたが、森光さんの奮闘ぶりは、まさに敬服に値するものだった。

　さらに本書には、影の貢献者がいる。それは、本書の各章で研究例として取り上げられた研究の対象となったクライエントさんたちである。じつはこの方々も若手である。この方々の間接的なご協力なしには、本書は成立しなかった。もちろんクライエントさんたちには、臨床データを論文や著書で使わせていただくことによって、臨床家の益とし、ひいては、心の問題に苦しむ人々の益となるように使うという趣旨で同意書にサインをいただいている。本書で少しその約束が果たせたなら幸いである。

　上記のすべての方々に、この場を借りて、心からの感謝を述べたい。

　願わくは、この本が、心理療法の学派や研究法の壁を超えて、さらには臨床観や人間観の違いを超えて現場に密着した思考と実践を育てるために役立つことを願って、あとがきとしたい。

2016年7月　福島哲夫

# 文 献

## 第1章

Corbin, J. M. & Strauss, A. L. (2008) *Basics of qualitative research: Techniques and procedures for developing grounded theory* (3rd ed.). Thousand Oaks, Calif.: Sage Publications. [J・コービン, A・ストラウス／操華子・森岡崇 (訳)『質的研究の基礎：グラウンデッド・セオリー開発の技法と手順 (第3版)』医学書院]

Frankl, V. E. (1963) *Man's search for meaning: An introduction to logotherapy.* Boston: Beacon Press.

Glaser, B. G. & Strauss, A. L. (1967) *The discovery of grounded theory: Strategies for qualitative research.* Hawthorne, NY: Aldine Publishing Company. [B・G・グレイザー, A・L・ストラウス／後藤隆・大出春江・水野節夫 (訳) (1996)『データ対話型理論の発見：調査からいかに理論をうみだすか』新曜社]

厳島行雄 (1993) 目撃者証言の心理学的考察II：自民党放火事件におけるY証言の信用性をめぐって：フィールド実験からのアプローチ.『日本大学人文科学研究所研究紀要』45, 251-287.

岩壁茂 (2010)『はじめて学ぶ臨床心理学の質的研究：方法とプロセス』岩崎学術出版社

Iwakabe, S. (2011) Extending systematic case study method: Generating and testing hypotheses about therapeutic factors through comparisons of successful and unsuccessful cases. *Pragmatic Case Studies in Psychotherapy, 7,* 339-350.

Iwakabe, S. & Gazzola, N. (2009) From single-case studies to practice-based knowledge: Aggregating and synthesizing case studies. *Psychotherapy Research, 19,* 601-611.

木下康仁 (2003)『グラウンデッド・セオリー・アプローチの実践：質的研究への誘い』弘文堂

McLeod, J. (2001) *Qualitative research in counselling and psychotherapy.* London: Sage Publications. [J・マクレオッド／谷口明子・原田杏子 (訳) (2007)『臨床実践のための質的研究法入門』金剛出版]

McLeod, J. (2003) *Doing counselling research* (2nd ed.). London: Sage Publications.

中村雄二郎 (1992)『臨床の知とは何か』岩波書店

能智正博 (2011)『質的研究法 (臨床心理学をまなぶ6)』東京大学出版会

西條剛央 (2007)『ライブ講義・質的研究とは何か (SCQRMベーシック編)』新曜

社

西條剛央（2008）『ライブ講義・質的研究とは何か（SCQRM アドバンス編）』新曜社

斎藤清二（2013）『事例研究というパラダイム：臨床心理学と医学をむすぶ』岩崎学術出版社

下山晴彦（1997）『臨床心理学研究の理論と実際：スチューデント・アパシー研究を例として』東京大学出版会

高橋直（1996）ある商店街のごみ捨て行動への介入の試み．『心理学研究』67, 94-101.

やまだようこ（1997）『現場（フィールド）心理学の発想』新曜社 pp.166-167.

## 第2章

Bottrill, S., Pistrang, N., Barker, C. & Worrell, M.（2010）The use of therapist self-disclosure: Clinical psychology trainees' experiences. *Psychotherapy Research, 20*, 165-180.

古田雅明・森本麻穂（2009）臨床心理実習における危機対応．『臨床心理学』9, 166-170.

Hill, C. E. & Knox, S.（2002）Self-Disclosure. J. C. Norcross.（Ed.）*Psychotherapy relationships that work: Therapist contributions and responsiveness to patients.* New York: Oxford University Press. pp.255-265.

Jourard, S. M.（1971）*The transparent self.* New York: Van Nostrand Reinhold.
［S・M・ジュラード／岡堂哲雄（訳）（1974）『透明なる自己』誠信書房　pp.24-38.］

Kagan, N.（1980）Influencing human interaction: 18 years with IPR. In A. K. Hess（Ed.）*Psychotherapy supervision: Theoty, research, and practice.* pp.262-283. Chichester: Wiley.

葛西俊治（2008）関連性評定質的分析による逐語録研究：その基本的な考え方と分析の実際．『札幌学院大学人文学会紀要』83, 61-100.

川喜田二郎（1970）『続・発想法：KJ法の展開と応用』中公新書

川喜田二郎（1986）『KJ法：渾沌をして語らしめる』中央公論社

栗田麻美（2013）心理臨床場面におけるセラピストの効果的な自己開示に関する研究．大妻女子大学大学院人間文化研究科臨床心理学専攻修士論文（未刊行）

岡本かおり（2007）心理臨床家が抱える困難と職業的発達を促す要因について．『心理臨床学研究』25, 516-527.

Rennie, D. L.（1994）Client's deference in psychotherapy. *Journal of Counseling psychology, 41*, 427-437.

白石大介・立木茂雄（編）（1991）『カウンセリングの成功と失敗：失敗事例から学

ぶ:個人・家族療法』創元社

Stiles, W. B., Shapiro, D. A. & Elliott, R. (1986) Are all psychotherapies equivalent? *American Psychologist, 41*, 165-180.

## 第3章

Glaser, B. G. & Strauss, A. L. (1967) *The discovery of grounded theory: Strategies for qualitative research.* Hawthorne, NY: Aldine Publishing Company. [B・G・グレイザー, A・L・ストラウス/後藤隆・大出春江・水野節夫(訳)(1996)『データ対話型理論の発見:調査からいかに理論をうみだすか』新曜社]

岩壁茂 (2010)『はじめて学ぶ臨床心理学の質的研究:方法とプロセス』岩崎学術出版社

木下康仁 (1999) グラウンデッド・セオリー・アプローチ:質的実証研究の再生』弘文堂

木下康仁 (2003)『グラウンデッド・セオリー・アプローチの実践:質的研究への誘い』弘文堂

木下康仁 (2007)『ライブ講義M-GTA:実践的質的研究法:修正版グラウンデッド・セオリー・アプローチのすべて』弘文堂

能智正博 (2011)『質的研究法(臨床心理学をまなぶ6)』東京大学出版会

Ryle, A. & McCutcheon, L. (2006) Cognitive analytic therapy. In G. Stricker & J. Gold (Eds.) *A casebook of psychotherapy integration.* pp.121-136. Washington, DC: American Psychological Association.

戈木クレイグヒル滋子 (2008)『実践グラウンデッド・セオリー・アプローチ:現象をとらえる』新曜社

戈木クレイグヒル滋子 (編) (2013)『質的研究法ゼミナール:グラウンデッド・セオリー・アプローチを学ぶ(第2版)』医学書院

## 第4章

Aspland, H., Llewelyn, S. P., Hardy, G. E., Barkham, M. & Stiles, W. (2008) Alliance ruptures and rupture resolution in cognitive-behavior therapy: A preliminary task analysis. *Psychotherapy Research, 18*, 699-710.

Bennett, D., Parry, G. & Ryle, A. (2006) Resolving threats to the therapeutic alliance in cognitive analytic therapy. *Psychology and Psychotherapy, 79*, 395-418.

Castonguay, L. G., Schut, A. J., Aikens, D. E., Constantino, M. J., Laurenceau, J., Bologh, L. & Burns, D. D. (2004) Integrative cognitive therapy for depression: A preliminary investigation. *Journal of Psychotherapy Integration, 14*, 4-20.

Clarke, K. M. (1991) A performance model of the creation of meaning event.

*Psychotherapy: Theory, Research, Practice, Training, 28*, 395-401.

Clarke, K. M. (1996) Change processes in a creation of meaning event. *Journal of Consulting and Clinical Psychology, 64*, 465-470.

Dearing & J. P. Tangney (Eds.) (2011) *Shame in the therapy hour*. Washington, DC: American Psychological Association.

Diamond, G. S. & Liddle, H. A. (1999) Transforming negative parent-adolescent interactions: From impasse to dialogue. *Family Process, 38*, 5-26.

Gilbert, P. (2000) The relationship of shame, social anxiety, and depression: The role of the evaluation of social rank. *Clinical Psychology and Psychotherapy, 7*, 174-189.

Gilbert, P. & McGuire, M. T. (1998) Shame, status, and social roles: Psychobiology and evolution. In P. Gilbert & B. Andrews (Eds.), *Shame: Interpersonal behavior, psychopathology, and culture*. New York: Oxford University Press. pp.99-125.

Gilbert, P. & Miles, J. (Eds.) (2002) *Body shame: Conceptualisation, research and treatment*. London: Routledge.

Greenberg, L. S. (1979) Resolving splits: The two-chair technique. *Psychotherapy: Theory, Research and Practice, 16*, 310-318.

Greenberg, L. S. (1986) Change process research. *Journal of Consulting and Clinical Psychology, 54*, 4-9.

Greenberg, L. S. (2001) My change process: From certainty through chaos to complexity. In M. R. Goldfried (Ed.), *How therapists change: Personal and professional reflections*. Washington, DC: American Psychological Association. pp.247-270. [M・R・ゴールドフリード（編）／岩壁茂・平木典子・福島哲夫・野末武義・中釜洋子（監訳）（2013）『変容する臨床家：現代アメリカを代表するセラピスト16人が語る心理療法統合へのアプローチ』福村出版]

Greenberg, L. S. (2002) *Emotion-focused therapy: Coaching clients to work through their feelings*. Washington, DC: American Psychological Association.

Greenberg, L. S. (2007) A guide to conducting a task analysis of psychotherapeutic change. *Psychotherapy Research, 17*, 15-30.

Greenberg, L. S. & Foerster, F. S. (1996) Task analysis exemplified: The process of resolving unfinished business. *Journal of Consulting and Clinical Psychology, 64*, 439-446.

Greenberg, L. S. & Goldman, R. N. (2006) The effects of adding emotion-focused interventions to the client-centered relationship conditions in the treatment of depression. *Psychotherapy Research, 16*, 537-549.

Greenberg, L. S. & Iwakabe, S. (2011) Emotion-focused therapy and shame. In R.

L. Dearing & J. P. Tangney (Eds.), *Shame in the therapy hour*. Washington, DC: American Psychological Association. pp.69-90.

Greenberg, L. S. & Paivio, S. C. (1997) *Working with emotions in psychotherapy*. New York: Guilford Press.

Greenberg, L. S., Rice, L. N. & Elliott, R. K. (1993) *Facilitating emotional change: The moment-by-moment process*. New York: Guilford Press. [L・S・グリーンバーグ, L・N・ライス, R・エリオット／岩壁茂（訳）(2006)『感情に働きかける面接技法：心理療法の統合的アプローチ』誠信書房]

Greenberg, L. S. & Watson, J. (2005) *Emotion-focused therapy for depression*. Washington, DC: American Psychological Association.

Hahn, W. K. (2001) The experience of shame in psychotherapy supervision. *Psychotherapy: Theory, Research, Practice, Training, 38*, 272-282.

Heatherington, L., Friedlander, M. L. & Greenberg, L. S. (2005) Change process research in couple and family therapy: Methodological challenges and opportunities. *Journal of Family Psychology, 19*, 18-27.

岩壁茂（2007）『心理療法・失敗例の臨床研究：その予防と治療関係の立て直し方』金剛出版

岩壁茂（2008）『プロセス研究の方法（臨床心理学研究法 2）』新曜社 p.159

岩壁茂（2010）感情と体験の心理療法 さまざまな恥の体験と心理療法.『臨床心理学』*10*, 896-903.

岩壁茂（2013）臨床心理学における研究の多様性と科学性：事例研究を超えて.『臨床心理学』*13*, 313-318.

Joyce, A. S., Duncan, S. C. & Piper, W. E. (1995) Task analysis of "working" responses to dynamic interpretation in short-term individual psychotherapy. *Psychotherapy Research, 5*, 49-62.

Kaufman, G. (1996) *The psychology of shame: Theory and treatment of shame-based syndromes* (2nd ed.). New York: Springer.

Keltner, D. & Harker, L. A. (1998) The forms and functions of the nonverbal signal of shame. In P. Gilbert & B. Andrews (Eds.), *Shame: Interpersonal behavior, psychopathology, and culture*. New York: Oxford University Press. pp.78-98.

Kirwan, B. & Ainsworth, L. K. (Eds.) (1992) *A guide to task analysis*. London: Taylor and Francis.

Lewis, H. B. (1971) *Shame and guilt in neurosis*. New York: International Universities Press.

Linehan, M. M. (1993) *Cognitive-behavioral treatment of borderline personality disorder*. New York: Guilford. [M・リネハン／岩坂彰ほか（訳）(2007)『境界

性パーソナリティ障害の弁証法的行動療法：DBT による BPD の治療』誠信書房］
McLeod, J. (2010) *Case study research in counselling and psychotherapy*. London: Sage.
Nathanson, D. L. (1987) *The many faces of shame*. New York: Guilford.
Nathanson, D. L. (1992) *Shame and pride: Affect, sex, and the birth of the self*. New York: W. W. Norton.
Pascual-Leone, J. (1984) Attentional, dialectic and mental effort: Towards an organrsmic theory of life stages. In M. L. Commons, F. A. Richards & G. Armon (Eds.), *Beyond formal operations: Late adolescent and adult cognitive development*. New York: Praeger. pp.182-215.
Pascual-Leone, A. & Greenberg, L. S. (2007) Emotional processing in experiential therapy: Why "the only way out is through". *Journal of Consulting and Clinical Psychology, 75*, 875-887.
Rice, L. N. & Greenberg, L. (Eds.) (1984) *Patterns of change: Intensive analysis of psychotherapy process*. New York: Guilford Press.
Safran, J. D. & Muran, J. C. (2000) *Negotiating the therapeutic alliance: A relational treatment guide*. New York: The Guilford Press.
Samstag, L. W., Batchelder, S., Muran, J. C., Safran, J. D. & Winston, A. (1998) Early identification of treatment failures in short-term psychotherapy: An assessment of therapeutic alliance and interpersonal behavior. *Journal of Psychotherapy Practice and Research, 7*, 126-143.
Schore, A. N. (2003) *Affect dysregulation and disorders of the self*. New York: Norton.
Swan, S. & Andrews, B. (2003) The relationship between shame, eating disorder, and disclosure in treatment. *British Journal of Clinical Psychology, 42*, 367-378.
Tangney, J. P. & Dearing, R. L. (2002) *Shame and guilt*. New York: Guilford.
Theriault, A., Gazzola, N. & Richardson, B. (2009) Feelings of incompetence in novice therapists: Consequences, coping, and correctives. *Canadian Journal of Counselling, 43*, 105-119.
Tomkins, S. S. (1987) Shame. In D. L. Nathanson (Ed.), *The many faces of shame*. New York: Guilford. pp.133-161.

# 第5章

American Psychological Association. (2003). Guidelines on multicultural education, training, research, practice, and organizational change for psychologists. *American Psychologist, 58*, 377-402.

Chui, H. T., Jackson, J. L., Liu, J. & Hill, C. E. (2012) Annoted bibliography of studies using consensual qualitative research. In C. E. Hill (Ed.), *Consensual qualitative research: A practical resource for investigating social science phenomena*. Washington, DC: American Psychological Association. pp.213-266.

Creswell, J. W. (2013) *Qualitative inquiry and research design: Choosing among five approaches* (3rd ed.). Thousand Oaks, California: SAGE Publications.

遠藤利彦 (2002)「問いを発することと確かめること：心理学の方法論をめぐる一試論・私論」下山晴彦・子安増生（編）『心理学の新しいかたち：方法への意識』誠信書房　pp.38-72.

Falender, C. A. & Shafranske, E. P. (2004) *Clinical supervision: A competency-based approach*. Washington, DC: American Psychological Association.

藤岡勲 (2013) 質的研究の新たな発展：合議のプロセスを用いた質的研究. 『臨床心理学』*13*, 356-359.

藤岡勲・高山由貴・梅垣佑介・倉光洋平 (2010) 課題分析を用いた実践的研究：クライエントの恋愛／性的感情表出モデル. 『心理臨床学研究』*28*, 585-594.

Glaser, B. G. (1978) *Theoretical sensitivity: Advances in the methodology of grounded theory*. Mill Valley, California: The Sociology Press.

Greenberg, L. S. (2007) A guide to conducting a task analysis of psychotherapeutic change. *Psychotherapy Research, 17*, 15-30.

Hill, C. E. (2012a) Introduction to consensual qualitative research. In C. E. Hill (Ed.), *Consensual qualitative research: A practical resource for investigating social science phenomena*. Washington, DC: American Psychological Association. pp.3-20.

Hill, C. E. (Ed.) (2012b) *Consensual qualitative research: A practical resource for investigating social science phenomena*. Washington, DC: American Psychological Association.

Hill, C. E., Knox, S., Thompson, B. J., Williams, E. N., Hess, S. A. & Ladany, N. (2005) Consensual qualitative research: An update. *Journal of Counseling Psychology, 52*, 196-205.

Hill, C. E., Thompson, B. J. & Williams, E. N. (1997) A guide to conducting consensual qualitative research. *The Counseling Psychologist, 25*, 517-572.

磯村陸子 (2004)「ピアカンファレンスを活用する」無藤隆・やまだようこ・南博文・麻生武・サトウタツヤ（編）『ワードマップ質的心理学：創造的に活用するコツ』新曜社　pp.199-204.

岩壁茂 (2008)『プロセス研究の方法（臨床心理学研究法2）』新曜社

岩壁茂 (2013) 臨床心理学における研究の多様性と科学性：事例研究を超えて. 『臨床心理学』*13*, 313-318.

Kagan, N., Krathwohl, D. R. & Miller, R. (1963) Stimulated recall in therapy using video tape: A case study. *Journal of Counseling Psychology, 10*, 237-243.

河合隼雄（1992）『心理療法序説』岩波書店

川野健治（2008）「自死遺族の語り：今，返事を書くということ」やまだようこ（編）『人生と病いの語り（質的心理学講座2）』東京大学出版会　pp.79-99.

McLeod, J. (2011) *Qualitative research in counselling and psychotherapy* (2nd ed.). London: Sage.

村瀬嘉代子（2003）『統合的心理療法の考え方：心理療法の基礎となるもの』金剛出版

日本臨床心理士会（2009）一般社団法人日本臨床心理士会倫理綱領．日本臨床心理士会　http://www.jsccp.jp/about/pdf/ata_5_rinrikouryo20120704.pdf（2014年2月28日）

能智正博（2007）「質的心理学の教え方と学び方」やまだようこ（編）『質的心理学の方法：語りをきく』新曜社　pp.192-204.

能智正博（2011）『質的研究法（臨床心理学をまなぶ6）』東京大学出版会

Pascual-Leone, A., Greenberg, L. S. & Pascual-Leone, J. (2009) Developments in task analysis: New methods to study change. *Psychotherapy Research, 19*, 527-542.

Pedersen, P. (1991) Multiculturalism as a generic approach to counseling. *Journal of Counseling and Development, 70*, 6-12.

Ponterotto, J. G. (2005) Qualitative research in counseling psychology: A primer on research paradigms and philosophy of science. *Journal of Counseling Psychology, 52*, 126-136.

Proctor, B. (2008) *Group supervision: A guide to creative practice* (2nd ed.). London: Sage.

Schielke, H. J., Fishman, J. L., Osatuke, K. & Stiles, W. B. (2009) Creative consensus on interpretations of qualitative data: The Ward method. *Psychotherapy Research, 19*, 558-565.

下山晴彦（2010）『これからの臨床心理学（臨床心理学をまなぶ1）』東京大学出版会

鑪幹八郎（2001）「スーパーヴィジョンの意義と課題」鑪幹八郎・滝口俊子（編著）『スーパーヴィジョンを考える』誠信書房　pp.3-12.

やまだようこ（2013）「質的心理学の核心」やまだようこ・麻生武・サトウタツヤ・能智正博・秋田喜代美・矢守克也（編）『質的心理学ハンドブック』新曜社　pp.4-23.

やまだようこ・家島明彦・塚本朱里（2007）「ナラティヴ研究の基礎実習」やまだようこ（編）『質的心理学の方法：語りをきく』新曜社　pp.206-222.

安田裕子（2013）「質的アプローチの教育と学習」やまだようこ・麻生武・サトウタツヤ・能智正博・秋田喜代美・矢守克也（編）『質的心理学ハンドブック』新曜社　pp.466-486.

## 第6章
藤井美和・小杉考司・李政元（編）（2005）『福祉・心理・看護のテキストマイニング入門』中央法規出版

樋口耕一（2014）『社会調査のための計量テキスト分析：内容分析の継承と発展を目指して』ナカニシヤ出版

岩淵千明（編）（1997）『あなたもできるデータの処理と解析』福村出版

## 第7章
Duncan, B. L., Hubble, M. A. & Miller, S. D. (1997) *Psychotherapy with "impossible" cases: The efficient treatment of therapy veterans.* New York: W. W. Norton.［B・L・ダンカン，M・A・ハブル，S・D・ミラー／児島達美・日下伴子（訳）（2001）『「治療不能」事例の心理療法：治療的現実に根ざした臨床の知』金剛出版］

伊藤絵美（2007）「基礎学としての認知心理学」杉山崇・前田泰宏・坂本真士（編）『これからの心理臨床：基礎心理学と統合・折衷的心理療法のコラボレーション』ナカニシヤ出版

内藤哲雄（1997）『PAC分析実施法入門：「個」を科学する新技法への招待』ナカニシヤ出版

末吉正成・末吉美喜（2014）『Excelビジネス統計分析（第2版）』翔泳社

杉山崇（2005）「抑うつと対人関係」坂本真士・丹野義彦・大野裕（編）『抑うつの臨床心理学（叢書実証にもとづく臨床心理学2）』東京大学出版会

杉山崇（2010）「記憶」福田由紀（編）『心理学要論：こころの世界を探る』培風館

Wampold, B. E., Mondin, G. W., Moody, M., Stich, F., Benson, K. & Ahn, H. (1997) A meta-analysis of outcome studies comparing bona fide psychotherapies: Empiricially, "all must have prizes.". *Psychological Bulletin, 122,* 203-215.

## 第8章
足立英彦・白鳥志保・中村香理・横田悠季・岩壁茂・伊藤正哉（2011）セラピストの肯定に関するプロセス研究（1）：対人プロセス想起法によるセラピストの介入意図の整理．『日本心理臨床学会第30回大会発表論文集』225.

足立英彦・坂本憲治・藤岡勲・中村香理・糟谷寛子・隅谷理子・福島哲夫・沢宮容子・岩壁茂（2012）二項対立の面接場面におけるセラピストの肯定：合議制質的研究法による初期モデルの生成．『日本心理臨床学会第31回大会論文集』338.

Aspland, H., Llewelyn, S., Hardy, G. E., Barkham, M. & Stiles, W. (2008) Alliance ruptures and rupture resolution in cognitive-behavior therapy: A preliminary task analysis. *Psychotherapy Research, 18*, 699-710.

藤岡勲 (2013) 質的研究の新たな発展：合議のプロセスを用いた質的研究.『臨床心理学』*13*, 356-359

Goldenthal, P. (1996) *Doing contextual therapy: An integrated model for working with individuals, couples, and families.* New York: W. W. Norton.

Greenberg, L. S. & Foster, F. S. (1996) Task analysis exemplified: The process of resolving unfinished business. *Journal of Consulting and Clinical Psychology, 64*, 439-446.

Greenberg, L. S. & Malcolm, W. (2002) Resolving unfinished business: Relating process to outcome. *Journal of Consulting and Clinical Psychology, 70*, 406-416.

Greenberg, L. S. (2007) A guide to conducting a task analysis of psychotherapeutic change. *Psychotherapy, 17*, 15-30.

平木典子 (2003)「臨床心理面接演習2：家族・集団」下山晴彦（編）『臨床心理実習論（臨床心理学全書4）』誠信書房　pp.223-261.

Hill, C. E., Nutt-Williams, E., Heaton, K. J., Thompson, B. J. & Rhodes, R. H. (1996) Therapist retrospective recall impasses in long-term psychotherapy: A qualitative analysis. *Journal of Counseling Psychology, 43*, 207-217.

Hill, C. E., Thompson, B. J., & Williams, E. N. (1997) A guide to conducting consensual qualitative research. *The Counseling Psycholosist, 25*, 517-572.

岩壁茂 (2008)『プロセス研究の方法（臨床心理学研究法2）』新曜社

Linehan, M. M. (1993) *Cognitive-behavioral treatment of borderline personality disorder.* New York: Guilford. [M・リネハン／岩坂彰ほか（訳）(2007)『境界性パーソナリティ障害の弁証法的行動療法：DBTによるBPDの治療』誠信書房]

水島広子 (2009)『臨床家のための対人関係療法入門ガイド』創元社

佐治守夫（面接・解説）／日本精神技術研究所心理臨床センター（制作）(1985)『治療的面接の実際：ゆう子のケース（NPCCカセット・テープ・シリーズ)』日本・精神技術研究所

# 人名索引

◆あ 行

アスプランド, H. 59, 131
足立英彦 127, 128
磯村陸子 79
厳島行雄 11
伊藤絵美 118
岩壁茂 10, 13, 39, 53, 69, 71, 132
エインズワース, L. K. 58
遠藤利彦 82
岡本かおり 23

◆か 行

葛西俊治 32
河合隼雄 79
川喜田二郎 22, 25
川野健治 79
カーワン, B. 58
木下康仁 18, 35, 38, 41, 44
キャストンゲイ, L. G. 59
グリンバーグ, L. S. 58-60, 62, 68, 69, 72, 131, 132, 136
グレイザー, B. 18, 35, 37, 38, 41, 80
クレスウェル, J. L. 72
ケーガン, N. 32, 72
コービン, J. M. 18, 39
ゴールデンサール, P. 139
ゴールドマン, R. N. 59

◆さ 行

戈木クレイグヒル滋子 39
西條剛央 15, 17
斎藤清二 13
佐治守夫 137, 144

サフラン, J. D. 59
サムスタッグ, L. W. 59
下山晴彦 13, 79
ジョイス, A. S. 59
白石大介 23
杉山崇 110, 114, 115
スタイルズ, W. B. 32
ストラウス, A. L. 18, 35, 37-39, 41

◆た 行

ダイアモンド, G. S. 59
高橋直 11
鑪幹八郎 79
立木茂雄 23
ダンカン, B. L. 115
ダンカン, S. C. 59
チュイ, H. T. 74, 82
土田義郎 119, 121

◆な 行

内藤哲雄 109
中村雄二郎 4
能智正博 10, 71, 78, 80, 81

◆は 行

パイパー, W. E. 59
パスカル-リオン, A. 58, 59, 72
ピアジェ, J. 58
樋口耕一 85-87
平木典子 139
ヒル, C. E. 72-74, 84, 132, 137
ファレンダー, C. A. 79, 82
藤岡勲 72, 74-77, 80, 82, 132

フランクル,V. E.　20
古田雅明　23
プロクター,B.　79
ペダーセン,P.　81
ベネット,D.　59
ポンテロット,J. G.　72

◆ま 行
マクレオッド,J.　3, 69, 72
水島広子　137
村瀨嘉代子　81
森本麻穂　23

◆や 行
安田裕子　79

やまだようこ　1, 2, 79, 81, 82

◆ら 行
ライス,L. N.　58
ライル,A.　49
リドル,H. A.　59
リネハン,M. M.　128, 138
レニー,D. L.　32

◆わ 行
ワトソン,J.　59, 69
ワムポールド,B.　115

# 事項索引

◆ アルファベット
CAT（認知分析療法） 49
CQR（合議制質的研究法） 72-74, 82, 127, 131, 132, 137
GTA（グラウンデッド・セオリー・アプローチ） 35-44, 48, 49, 64, 72, 86, 16, 117
IPR（対人プロセス想起法） 28, 32, 72, 134
KH coder 85-89, 92, 99, 107
KJ法 21-34, 37
M-GTA（修正版グラウンデッド・セオリー・アプローチ） 35-44, 48-50
PAC分析 109-111, 113, 114, 116, 117, 119-123, 125
PAC分析支援ツール 119-122, 124
W型問題解決モデル 22, 23

◆ あ 行
アカデミックボランティア 121
アサーション 39, 49
アセスメント 11, 138
厚みのあるデータ 2, 12
アナログ研究 2, 63
椅子の対話 59
一対比較法 123
一般化可能性 18, 41
イベント・パラダイム 29, 32
意味の創造 59
意味の深い解釈 38
インヴィーヴォコード化 41
インタビュー 12, 28, 31, 36, 37, 40, 63, 85, 114, 128, 134
インタビュー調査 12, 28, 87, 128, 134
インタビュー法（面接法） 12-15
うつ 54, 59, 114
エキスパート 117
エスノグラフィック・アプローチ 72
エビデンス 4, 5, 36, 69, 71
エモーション・フォーカスト・セラピー 59, 60, 65, 69
オープンコーディング 43

◆ か 行
解決の指標 61
階層化 44, 45
階層的クラスター分析 109
階層的コーディング 38
介入モジュール 58, 59
概念生成 41, 116
会話分析 72
カウンセリング 53, 72, 87, 88, 97
　試行── 63
　多文化間── 81
確証バイアス 114
仮説検証 11
仮説生成 11, 14, 23, 26
仮説発見型手法 86
家族合同面接 139
家族療法 59, 128
課題分析 53, 55, 58-60, 62-64, 68-70, 72, 75, 127, 131, 134, 135, 137, 146
価値論 73
カテゴリー出現対応表 38
過度の一般化 6
関係づくりの肯定 128, 129

観察データ 12, 22, 23
観察法 11, 14, 15
　参与—— 12, 14, 15
監査との合議 74, 77, 78, 80, 82, 83, 132, 137, 139, 140
感情体験の促進 59
感情的苦痛 59
関心相関性 17
関心の反映性 38
客観性 1, 2, 85, 86, 99, 130, 131
境界性パーソナリティ障害 54
共感 128, 138, 139
共起ネットワーク 100-103, 106
強制的ではない一致した決定 73
空間配置 26
クライエント中心療法 59
グラウンデッド・セオリー・アプローチ（GTA） 35-44, 48, 49, 64, 72, 86, 16, 117
クラスター分析 109, 114, 124, 125
グループ・スーパーヴィジョン 79, 83
グループ編成 24
クロス分析 73
系統的事例研究 69
計量テキスト分析 85, 86
ゲシュタルト療法 59
ケースフォーミュレーション 107
ケースマトリックス 38
研究
　——結果の転用可能性 2, 3, 15
　——の有用性 2, 3
　アナログ—— 2, 63
　系統的事例—— 69
　効果—— 4, 53
　合議制質的——法（CQR） 72-74, 82, 127, 131, 132, 137
　質的—— 2-10, 14-19, 23, 32, 35, 38, 49, 64, 68, 72, 74, 75, 78, 80-85, 114, 131
　事例—— 4-7, 13-15, 36, 69, 71, 78
　単一事例—— 5-7, 13, 36
　プロセス—— 53, 59, 71, 72, 75, 83
　量的—— 6, 9, 10, 14, 15, 23, 78, 85, 114
　臨床—— 2, 21, 27
言語データ 38
現実性（リアリティ） 5, 6, 11, 12, 14
現象学的アプローチ 72
現象説明力 15
厳密性 10, 12, 14
コアアイデア 73
コアカテゴリー 44
効果研究 4, 53
合議制質的研究法（CQR） 72-74, 82, 127, 131, 132, 137
合議のプロセス 72, 74-78, 80-84
構成主義 116
構造的面接 111
構築主義 19, 73
個々人での作業 74, 76, 77, 80, 132-134, 136, 140, 143
コーディング 41
　オープン—— 43
　階層的—— 38
　軸足—— 43
　選択的—— 43
コンサルテーション 118
コンプリメント 128

◆さ 行
再現性 1, 2, 14, 15, 18, 41
作業同盟 59
サンプリング 117
参与観察法 12, 14, 15
軸足コーディング 43
自己愛性パーソナリティ障害 88, 106

試行カウンセリング　63
実験室実験　10, 14, 15
実験法　10
実証主義　19, 72
実践モデル　5, 130
質的研究　2-10, 14-19, 23, 32, 35, 38, 49, 64, 68, 72, 74, 75, 78, 80-85, 114, 131
　　合議制 —— 法（CQR）　72-74, 82, 127, 131, 132, 137
質的データ　6, 16, 38, 113
質問紙データ　13
質問紙法　11, 12, 14, 15, 111, 112, 115
社会構築主義（社会構成主義）　19, 116, 117
社交不安性障害　54
自由記述　85, 86, 111-113, 115
　　—— データ　86
修正版グラウンデッド・セオリー・アプローチ（M-GTA）　35-44, 48-50
集団力動　83
主要メンバーでの合議　74, 76-78, 80, 82, 83, 132, 134-137, 140
純金サンプリング　62, 63, 136
事例研究　4-7, 13-15, 36, 69, 71, 78,
　　系統的 ——　69
　　単一 ——　5-7, 13, 36
事例検討会　146
事例データ　13, 136
信頼性　82, 85, 86, 99
心理検査　118
心理尺度　111, 112
心理面接　28, 32
心理療法　23, 53, 58, 59, 69, 74, 81, 113-115, 117, 118, 125, 128, 130
　　—— の共通要因アプローチ　115
　　—— のプロセス　130, 145
図解化　26
スクリーニング調査　12

ストーリーライン　47, 48
スーパーヴィジョン　79, 82
精神分析　129
精神力動療法　59
摂食障害　39, 40, 54
説明責任　80
セラピストの肯定　127-130, 135-138, 144
選択的コーディング　43
即時性　6
存在論　73

◆た　行 ——————

対応分析　103, 105, 106
対人不安　54
対人プロセス想起法（IPR）　28, 32, 72, 134
態度　110-113
妥当性　32
多文化間カウンセリング　81
多文化主義　81
多方向への肩入れ　139
単一事例研究　5-7, 13, 36
探索的データ分析手法　86
チアリーディング　128
逐語録（トランスクリプト）　40, 50, 51, 85, 88, 89, 106, 128, 136, 137
中核的恥　54, 69
治療関係　115, 118, 125
ディスコース分析　72
テキストデータ　37, 85, 86, 88
テキストマイニング　85, 86
データ　2-4, 6, 8, 11, 12, 14, 16, 22-26, 35, 37, 38, 40-44, 48, 57, 62-64, 70, 73, 74, 77, 80, 85, 86, 92, 103, 109, 125, 136, 137, 139, 141, 145, 146
　　—— 収集　1, 63, 69, 71, 74, 137
　　—— の切片化　38, 41, 42

事項索引　｜　167

──分析　1, 63, 69, 71, 74, 86, 88, 96, 137
　厚みのある──　2, 12
　観察──　12, 22, 23
　言語──　38
　質的──　6, 16, 38, 113
　質問紙──　13
　自由記述──　86
　事例──　13, 136
　テキスト──　37, 85, 86, 88
　面接──　23, 28, 31-34, 70, 86, 128
　量的──　6, 38
　録音──　40, 62, 63, 68, 70, 128, 136, 146
　録画──　40, 62, 63, 68, 70, 134, 136, 146
デンドログラム　125
当事者性　2
トランスクリプト（逐語録）　40, 50, 51, 85, 88, 89, 106, 128, 136, 137

◆な　行
内容分析　85, 86
ナラティヴ分析　72
二項対立　127-129, 131, 137, 139
　　──の面接場面　129, 130, 135-138, 140, 144, 145
二次感情　65
日常性　2
認識論　73
認証　128, 138
認知行動療法　59
認知バイアス　85, 114, 116, 117
認知分析療法（CAT）　49

◆は　行
バイアス　81, 85, 146
　確証──　114
　認知──　85, 114, 116, 117
恥不安　54
パーソナリティ　4, 5
　境界性──障害　54
　自己愛性──障害　88, 106
発見性　6, 11
半構造化面接　13, 111
非構造的面接　111
被受容感　114, 115
否定による肯定　128, 129, 144
批判理論　73
ヒューリスティック　85
表札作り　25
フィールド実験　11, 14, 15
フィールドワーク　23
夫婦療法　59
不登校　18-20, 140, 144
プラグマティック・ケーススタディ　13
プロセス
　──研究　53, 59, 71, 72, 75, 83
　──指標　64
　──目標　58
　合議の──　72, 74-78, 80-84
　対人──想起法（IPR）　28, 32, 72, 134
　面接──　70, 131
文章化　27
分析
　──ワークシート　42, 44
　階層的クラスター──　109
　会話──　72
　課題──　53, 55, 58-60, 62-64, 68-70, 72, 75, 127, 131, 134, 135, 137, 146
　クラスター──　109, 114, 124, 125
　クロス──　73
　計量テキスト──　85, 86
　対応──　103, 105, 106
　ディスコース──　72

内容 —— 85, 86
　　ナラティヴ —— 72
　弁証法的行動療法　128
　母集団　117
　ポスト構造主義　20
　ポスト実証主義　19, 73
　ほどくフェイズ　80

◆ま 行 ─────────────
　まとめるフェイズ　80
　未完了の体験　60
　むすぶフェイズ　80
　面接　24, 32-34, 53, 58, 60, 63, 64, 68, 72, 86, 111, 128, 131, 134, 137
　　—— データ　23, 28, 31-34, 70, 86, 128
　　—— 場面　33, 34, 62-64, 68, 72, 75-77, 127, 130, 133-138, 140, 144, 145
　　—— プロセス　70, 131
　　—— 法（インタビュー法）　12-15, 111-113, 115, 116
　　家族合同 ——　139
　　構造的 ——　111
　　心理 ——　28, 32
　　半構造化 ——　13, 111
　　非構造的 ——　111

　物語性　14
　物語論　20

◆ら 行 ─────────────
　来談者中心療法　128, 129
　ラベル集め　25
　ラベル作り　24
　ラベル広げ　24
　リアリティ（現実性）　5, 6, 11, 12, 14
　リサーチクエスチョン　39, 40, 48
　領域　73
　量的研究　6, 9, 10, 14, 15, 23, 78, 85, 114
　量的データ　6, 38
　理論生成　38, 41
　理論的サンプリング　42
　理論的飽和　43, 44
　理論の逆転移　115
　臨床研究　2, 21, 27
　臨床現場　1, 2, 5, 7, 38
　レトリック構造　73
　録音データ　40, 62, 63, 68, 70, 128, 136, 146-148
　録画データ　40, 62, 63, 68, 70, 134, 136, 146-148
　ロゴセラピー　20

## 執筆者紹介

### 編　者
**福島哲夫**（ふくしま　てつお）【第1章】【第3章】
大妻女子大学人間関係学部人間関係学科 教授
専門は臨床心理学（統合・折衷的心理療法，心理療法のプロセス研究，質的研究）
著書は『臨床心理学入門：多様なアプローチを越境する』（共著，有斐閣），『ユング心理学でわかる8つの性格』（PHP研究所）など。
成城カウンセリングオフィス 所長　http://seijooffice.jimdo.com/

### 分担執筆者（執筆順）
**古田雅明**（ふるた　まさあき）【第2章】
大妻女子大学人間関係学部人間関係学科 准教授
専門は臨床心理学（精神分析的心理療法，心理臨床家の初期教育）
著書は『生い立ちと業績から学ぶ精神分析入門：22人のフロイトの後継者たち』（共著，創元社），『心理臨床家の成長：心理臨床との出会い』（分担執筆，金剛出版）など。

**岩壁　茂**（いわかべ　しげる）【第4章】
お茶の水女子大学生活科学部人間生活学科 准教授
専門は臨床心理学（心理療法のプロセス研究，感情と心理療法統合）
著訳書は『プロセス研究の方法』（新曜社），『エモーション・フォーカスト・セラピー入門』（共訳，金剛出版）など。

**藤岡　勲**（ふじおか　いさお）【第5章】
同志社大学心理学部心理学科 准教授
専門は臨床心理学（多文化間カウンセリング，心理療法のプロセス研究）
論文は「2つの民族的背景を持つ人々の両背景を統合したアイデンティティ」（質的心理学研究13号），「文化的マイノリティに対する心理援助再考：コレクティブ・アイデンティティ発達理論による検討」（臨床心理学13巻3号）など。

**八城　薫**（やしろ　かおる）【第6章】
大妻女子大学人間関係学部人間関係学科 准教授
専門は社会心理学（自己，教育，キャリア教育，余暇，観光）
著書は『質問紙調査と心理測定尺度：計画から実施・解析まで』（分担執筆，サイエンス社），『観光の社会心理学：ひと，こと，もの3つの視点から』（分担執筆，北大路書房）など。

杉山　崇（すぎやま　たかし）【第7章】
神奈川大学人間科学部人間科学科 教授
専門は心理臨床学，臨床社会心理学，臨床認知心理学
著書は『入門！産業社会心理学：仕事も人間関係もうまくいく心理マネジメントの秘訣』（北樹出版），『「どうせうまくいかない」が「なんだかうまくいきそう」に変わる本：認知行動療法で始める，心のストレッチ』（永岡書店）など。

足立英彦（あだち　ひでひこ）【第8章】
東京大学大学院理学系研究科・理学部学生支援室 相談員
専門は臨床心理学（感情焦点化療法，セルフ・コンパッション，セラピストの介入に関するプロセス研究）
論文は「セラピストの肯定に関するプロセス研究（1）：対人プロセス想起法によるセラピストの介入意図の整理」（共著，日本心理臨床学会第30回大会発表論文集），「ロールレタリングを用いた1回のみの筆記開示がエピソードの評価と自己受容に与える影響：自己嫌悪，開示抵抗感の高低に着目して」（臨床心理学16巻3号）など。

臨床現場で役立つ質的研究法
――臨床心理学の卒論・修論から投稿論文まで

初版第1刷発行　2016年9月1日

編　者　福島哲夫
発行者　塩浦　暲
発行所　株式会社　新曜社
　　　　〒101-0051　東京都千代田区神田神保町3-9
　　　　電　話(03)3264-4973（代）・FAX(03)3239-2958
　　　　e-mail　info@shin-yo-sha.co.jp
　　　　URL　http://www.shin-yo-sha.co.jp/
印刷所　星野精版印刷
製本所　イマヰ製本所

ⓒTetsuo Fukushima, editor. 2016 Printed in Japan,
ISBN978-4-7885-1488-1 C3011

──新曜社の関連書──

### 心理療法の交差点
精神分析・認知行動療法・家族療法・ナラティヴセラピー

岡 昌之・生田倫子・
妙木浩之 編

四六判304頁
本体3,400円

### 心理療法の交差点2
短期力動療法・ユング派心理療法・スキーマ療法・
ブリーフセラピー

岡 昌之・生田倫子・
妙木浩之 編

四六判320頁
本体3,400円

### 心理面接の方法
見立てと心理支援のすすめ方

永井 撤

四六判224頁
本体2,000円

### 大震災からのこころの回復
リサーチ・シックスとPTG

長谷川啓三・若島孔文 編

四六判288頁
本体3,400円

### コミュニティ臨床への招待
つながりの中での心理臨床

下川昭夫 編

A5判332頁
本体3,400円

### 女性研究者とワークライフバランス
キャリアを積むこと、家族を持つこと

仲 真紀子・
久保（川合）南海子 編

A5判144頁
本体1,600円

### プロセス研究の方法
臨床心理学研究法2

岩壁 茂

A5判252頁
本体2,800円

### グラウンデッド・セオリー・アプローチ　改訂版
ワードマップ

戈木クレイグヒル滋子

四六判192頁
本体1,800円

### ライブ講義・質的研究とは何か
SCQRM ベーシック編

西條剛央

A5判264頁
本体2,200円

### ライブ講義・質的研究とは何か
SCQRM アドバンス編

西條剛央

A5判288頁
本体2,400円

### 質的研究のデザイン
SAGE 質的研究キット1

U・フリック／鈴木聡志 訳

A5判196頁
本体2,100円

### 質的研究のための「インター・ビュー」
SAGE 質的研究キット2

S・クヴァール／
能智正博・徳田治子 訳

A5判268頁
本体2,700円

### 質的研究のためのエスノグラフィーと観察
SAGE 質的研究キット3

マイケル・アングロシーノ／
柴山真琴 訳

A5判168頁
本体1,800円

＊表示価格は消費税を含みません。